新版

雅俗文

化書系

樸初題

楼阁书院，诉说华夏文明之悲喜；
陵墓神祠，寄托今人感怀之永恒。
每一处遗迹，
都因前人的营建修葺和赏游吟咏，
被赋予动人的故事，
被刻上历史的痕迹。
它们也许只剩断壁残垣，
甚至已经消失无踪，
但遗迹不应止于视觉呈现，
而更需要人们用心贴近它，
从而，浸染其文化，感受其精神。

遗迹文化

新版
雅俗文化书系
过常宝 主编
李志远 著

中国经济出版社
CHINA ECONOMIC PUBLISHING HOUSE

·北京·

图书在版编目（CIP）数据

遗迹文化/过常宝主编. --北京：中国经济出版社，2011.1（2023.8重印）

（新版“雅俗文化书系”）

ISBN 978-7-5136-0069-9

Ⅰ. ①遗… Ⅱ. ①过… Ⅲ. ①文化遗址-中国-通俗读物 Ⅳ. ①K878-49

中国版本图书馆 CIP 数据核字（2010）第140481号

策划编辑　崔姜薇
责任编辑　葛　晶
责任印制　马小宾
封面设计　任燕飞装帧设计工作室

出版发行　中国经济出版社
印 刷 者　三河市同力彩印有限公司
经 销 者　各地新华书店
开　　本　880mm×1230mm　1/32
印　　张　6.5
字　　数　140千字
版　　次　2011年5月第1版
印　　次　2023年8月第2次
定　　价　39.80元
广告经营许可证　京西工商广字第8179号

中国经济出版社　**网址** www.economyph.com　**社址** 北京市东城区安定门外大街58号　**邮编** 100011

编　委　页

序一　季羡林序

（第一版“雅俗文化书系”序）

在中国，在文化艺术，包括音乐、绘画、书法、舞蹈、歌唱等方面，甚至在衣、食、住、行，园林布置，居室装修，言谈举止，应对进退等方面，都有所谓雅俗之分。

什么叫“雅”？什么叫“俗”？大家一听就明白，但可惜的是，一问就糊涂。用简明扼要的语句，来说明二者的差别，还真不容易。我想借用当今国际上流行的模糊学的概念说，雅俗之间的界限是十分模糊的，往往是你中有我，我中有你，绝非楚河汉界，畛域分明。

说雅说俗，好像隐含着一种评价。雅，好像是高一等的，所谓“阳春白雪”者就是。俗，好像是低一等的，所谓“下里巴人”者就是。然而高一等的“国中属而和者不过数十人”，而低一等的“国中属而和者数千人”。究竟是谁高谁低呢？评价用什么来做标准呢？

目前，我国的文学界和艺术界正在起劲地张扬严肃文学和严肃音乐与歌唱，而对它们的对立面俗文学和流行音乐与歌唱则不免有点贬义。这种努力是未可厚非的，是有其意义的。俗文学和流行的音乐与歌唱中确实有一些内容不健康的东西。但是其中也确实有一些能对读者和听众提供美的享受的东西，不能一笔抹杀，一棍子打死。

我个人认为，不管是严肃的文学和音乐歌唱，还是俗文学和流行音乐与歌唱，所谓雅与俗都只是手段，而不是目的。其目的只能是：能在美的享受中，在潜移默化中，提高人们的精神境界，净化人们的心灵，健全人们的心理素质，促使人们向前看，向上看，向未来看，让人们热爱祖国，热爱社会主义，热爱人类，愿意为实现人类的大同之域的理想而尽上自己的力量。

我想，我们这一套书系的目的就是这样，故乐而为之序。

季羡林

1994年6月22日

序二　新版“雅俗文化书系”序

人的行为、意识、关系，人所面对的制度、风俗、物质等，都是文化。对于芸芸众生来说，文化与生俱来，人人都不能离开文化而生存。

古人说“物相杂，故曰文”（《周易·系辞下》），又说“五色成文而不乱”（《礼记·乐记》），所以，“文”就是多种色泽的搭配，它比自然状态有序而且更好看。圣人以此“化”人，就是要将人从蒙昧自然状态中改造过来，成为知廉耻、懂辞让、有礼仪的人。

现代人自我意识增强，就不这么看了。梁启超说：“文化者，人类心能所开释出来之有价值的共业也。”（《什么是文化》）就是说，文化是人类集体内在的灵性和智慧之花，这些花朵被普遍认可，并且形成一道道风景：道德、艺术、政治形态等。

这两种说法都有道理：先知先觉的天才们，引领着文化的方向；而我们每一个人，也都参与了文化的创造和延续。如此，文化才成其为文化。

政治、经济、伦理、哲学、学术、文学、艺术等，与意识形态和价值有关，有着官方色彩，可以称之为主流文化。而以社会生活为中心，如家庭、行业、风俗、技艺、生活行为等，以及一部分游离在社会法律和制度之外的行为，如绿林、帮会、寺庙、赌博等，则可称之为非主流文化或次生文化。

由于今天的“非主流文化”有“反主流文化”的意思，为了避免歧义，我们也可以直接地将这一部分内容称为生活文化和世俗文化。

主流文化对社会的发展至关重要，是精英们的舞台，他们以及他们精美的创造，为我们的社会树立了目标和尺度。但是，与我们每个人生活相关的，却是生活文化和世俗文化。生老病死、衣食住行、百般生业、游观娱乐、江湖绿林、方士游医、沿街托钵、鸡鸣狗盗……正是这一切，构成了日常生活的文化图景。

本书系关注社会生活，关注这五光十色的世俗图景，并希望能够完整地将它们勾勒出来。我们相信，这一幅幅的生活情态、世俗图景，甚至比那些彩衣飘飘、粉墨登场的角儿、腕儿，更加真实，也更有风采。

以“雅俗文化”为名，是为了显示我们对趣味的偏爱，并以此来区分于主流文化典正的姿态和庄严的价值观。其实在生活中是无所谓雅和俗的，弹琴虽然需要更多的教养，赌博对有些人来说似乎天生就会，但作为技艺，两者真有高下的差别吗？何况庄子说一切都与道相通，什么都可以玩出境界来。古人不是常拿厨艺说政治，并且还真有好厨师成了政治家的例子吗？所谓“雅俗文化”，不过是遵从习惯的说法，并没有价值高下的意思。

日常生活及世俗图景都是文化，但文化毕竟具有建构性特点。换句话说，那些散乱的现象、意识、习惯等，只有被理解了，才具有意义，才能成为文化。我们编纂这套书系的目的，就是帮助人们理解日常生活和生活传统，从而能真正地从生活中体会到意义和趣味，增加人生的内涵。

我们期望编撰一套集知识性、趣味性甚至实用性为一体的文化丛书。它虽然不是学术著作，但就某一类别文化而言，应该有着系统的、可靠的知识，应该充分揭示出它的精神和境界，并融贯在对各种精彩文化现象的描述之中，使之真正贴近生活、提升生活，成为一道道能够颐养性情、雅俗共赏的精美的文化大餐。

过常宝

2011 年 3 月

前言　遗迹、遗迹文化与生活情趣

人们走过时间的维度，总难以做到“羚羊挂角，无迹可求”的境界，也因此，会在空间的维度上，刻下或大或小、或深或浅、或长或短、或亮或暗的一些标记。这些标记，伴随着时间的流逝，由新而旧，渐渐地，成了后人眼中的遗迹。

遗迹者何？在此，既不是指名人之墨迹，亦非行人之足迹，而是指与时间相伴走了一段路程的人或事，留存下来的痕迹。

对此，众多文人的诗篇皆予吟咏，如宋代苏轼《渚宫》诗云：“谁能为我访遗迹，草中应有湘东碑。”此处，苏轼是讲荒草之中，会残存有湘东碑的遗迹。

苏轼的弟弟苏辙也有诗《中秋见月寄子瞻》云：“黄楼未成河已退，空有遗迹令人看。”此遗迹是指黄河边上那座未成的黄楼。

清代曾国藩的《金陵湘军陆师昭忠祠记》云:“乃遍行营垒,周视所开地道,览战争之遗迹。”此处遗迹所指,显然是指某军事建筑。

遗迹所指,基本如此。不过,遗迹还有着自然遗迹与人文遗迹之别。

自然遗迹是指那些没有人的主观意识参与的事物,在穿越时间长河后形成的痕迹,而且,这些痕迹具有一定的科学、文化、艺术价值,如奇峰异石、瀑布、溶洞、火山、冰川、古树名木、地质构造和化石分布区等。

与自然遗迹不同,人文遗迹的关键是有人的参与,人类的智慧和意识活动参与其中,创造了可视、可感、可长久保留的外在形象。

这些形象在历经一定时间后留存下来,并且具有一定的科学、历史、文化、教育或观赏价值,如古文化遗址、古建筑、石窟、石刻、古陵墓、园林等,都称为人文遗迹。

幅员辽阔的中华大地,从不缺“天然去雕饰”的自然遗迹,而且总能令世人震惊。但无论是“会当凌绝顶,一览众山小”的泰山,还是甲天下的桂林山水,在这里,都将不再叙及。

因为,这里所关注的,是人的活动起作用所形成的遗迹,及其蕴涵的深厚文化。

遗迹的存在,往往与自身的历史无法割离。割离了历史的遗迹,就会成为一处空空的破败的建筑,只剩一具架子,没有了灵魂。

当人们走进故宫,如果不了解它的过去,不知道它在明清两朝扮演着怎样的角色，就无法感触于它的庄严神圣。因为，在北京林立的高厦间，它并没有令人费力仰视的高度。

同样，如果不知道古代房屋建造的等级规制，就不会震撼于故宫建筑的特别。

有多少人，面对那历经千年而外表破旧的遗迹，生发出“这有什么好看”的论断。是的，仅仅看那拱起于地的坟墓，仅仅看那并不高耸的楼阁，仅仅看那孔府里的房屋，还有那书院里早就破败的院舍，确实是没有什么好看的。这些，的确难以形成视觉的冲击。

遗迹，不是用眼看的，它需要人们用心去贴近它的过去，了解它的历史，品读和汲取它所承载的文化。

早在汉代，王粲在他的《赠文叔良》诗中就曾说过："先民遗迹，来世之矩。"他认为，从保留下来的先民遗迹中，可以寻找到以后做事的准则。王粲没有停留于遗迹的表面，而是深入到遗迹所承载的内蕴中，仔细品读，从中汲取到遗迹的文化养分，肯定遗迹在当世的价值。

如今，广义的文化指的是人类在社会历史实践中所创造的物质财富和精神财富的总和，既包括形而下的“器”，也包括形而上的“道”，就是通过有形的“器”，内含无形的“道”，“器”与“道”缺一不可，共同组成了文化。

就遗迹文化来说，那些能够从物质实体上辨认的遗址，就是遗迹文化的“器”。而借此遗址，可以追溯的历史和在此遗址上所发生的一切精神活动，以及遗址所能传达的精神，就是遗迹文化的“道”。

走近遗迹，并不是为了欣赏历经沧桑的遗址，而是要通过游览可视的外在形象，哪怕只是残墙断垣，来感知那些曾发生于此的事实，浸染其文化，感受其精神。

可以说，任何一个真正懂得欣赏遗迹的人，都不是冲着残存的遗址去的，而是要去享受遗迹文化给自己带来的身心体验。

人文遗迹可分为陵墓遗迹、庭院遗迹、神祠遗迹、工事遗迹、楼阁遗迹、书院遗迹等。每一处遗迹，如孔林、故宫、龙门石窟、长城、黄鹤楼、岳麓书院等，都是组成遗迹文化的个体。而众多不同的遗迹，共同构成了遗迹文化的整体。

我们对遗迹文化的梳理与品读，不是为了把这些曾经的精神文明及其所传续的古文化高高地供起，而是要在与遗迹对话的过程中，思考如何更好地建设今天的文化，并通过对遗迹文化的追寻，对今天的生活情趣有所影响。

《太平御览》中有这样一个故事：

唐朝开元年间，韦景骏为肥乡县令，清廉爱民，断案总是动之以情，晓之以理，令诉讼的人明理而合好。乡里的人都非常爱戴他。时隔很久，他要去别地做官，途经肥乡，乡人纷纷前来问候，送他食物，以至韦景骏在此停留数日。在这些人当中，有几个十余岁的少年。韦景骏感到非常惊奇，问道：“我在此做官时，你们应该还没有出生，并没有受到过我的恩惠，为何还如此殷勤地待我呢?”少年们齐声答道:“听老人们讲,县里的官舍、学校、馆舍、桥梁、河堤,都是您留下来的。我们原以为您已是古人了呢,没有想到还能亲眼看到您,所以才会如此的殷勤。”

这个故事讲的是韦景骏如何受人民爱戴,而通过那些少年所言,则可以看出,他们正是从韦景骏所遗留下来的那些遗迹中,感受了其亲民爱民的精神与高尚品格,从而受到了教育,收获了感动,所以在见到韦景骏时,他们比受其恩惠的人更殷勤。在这个故事里,不难看出,肥乡所保存的韦景骏为官时的遗迹,对于当地人的生活与情感产生了很大影响。

又如宋代朱熹的《壮节亭记》云:

“淳熙己亥岁,予假守南康。始至,访求先贤遗迹,得故尚书屯田外郎刘公凝之墓于城西门外草棘中。予惟刘公清名高节著于当时而闻于后世,暂而挹其余风者,犹足以激懦而律贪。”

这个故事中的“刘公凝之”就是刘凝之,此人为官刚正不阿,屡屡直言,不怕得罪权贵而丢官。正是由于他具有如此声名与人格,朱熹在城外找到其墓葬遗迹,重加修葺。朱熹认为此遗迹所传递出的刘凝之的风格与人品,足以让懦弱者奋起而坚强,让贪婪者有所收敛。

朱熹看到了遗迹对人们生活的影响,与此类似,元代虞集在《舒城县学明伦堂记》中也曾说:“昔贤名人遗迹,足以风动其人。”

元好问《过浊鹿城与赵尚宾谈山阳旧事》云:“废邑

萧条落照边，山阳遗迹世空传。”在举世重视文化遗产保护的今天，没有理由出现诗中所描绘的局面。在对各种遗迹进行合理保护的同时，人们更需要做的，就是走近遗迹，让遗迹使当代的生活变得更加厚重而富有韵味、风情和雅趣。而不是把遗迹及其文化高高地供奉，让它绝缘于今世。

目录

第一章 陵墓遗迹

早在春秋时，学生子路曾向孔子请教如何祭祀鬼神之事，孔子回答子路说："不懂得如何与人打交道，怎么有能力祭祀鬼神？"子路又向孔子请教有关死亡之事，孔子依然没有正面回答，而是说："活着如何都不知道，怎么能知道死后的事呢？"

孔子对学生说这段话的本意如何，今天我们不得而知。但是，长久以来中国人追求长生、为他人或自己修建坟墓，以及曾经存在的殉葬现象，都可以证明，并不是每个人都只重视现在，而不谈虚无——鬼神与死亡后的事。

于是，从古至今，在中国的大地上，就有了无数或奢或简的陵墓，形成了奇特的陵墓文化。面对古人尸骨的埋藏地，我们无法掩饰内心复杂的感情涌动。于是，在一些诗篇中，就多了一个词语——陵墓。

唐代张说在《过汉南城叹古坟》中吟咏道："旧国多陵墓，荒凉无岁年。 汹涌蔽平冈，汨若波涛连。 上世千金字，潜卧九重泉。 松柏剪无馀，碑记灭罔传。 葬于不毛地，咸谓楚先贤。 事尽情可识，使人心怅然。"宋代蔡肇的《登城见古陵墓》云："枯冢至今余拱木，夹城风雨有孤魂。"北宋张耒的《永宁遣兴三首》云："国破空陵墓，时移改要冲。"明人李维桢的《谒志公塔作二首》云："野草生烟日暮时，六朝陵墓转凄其。"清人董敬舆的《重至关中》云："陵墓累累古道旁，我来凭吊感兴亡。 碑焚野火埋秦畤，瓦出春耕识萯阳。"

面对古陵墓，数千年来文人墨客进行着个体与整体的诉说。在数典忆祖的当下，对陵墓遗迹的历数与追忆，也许是为“知生”而做的“知死”。

第一节 龙盘虎踞树层层，势入浮云亦是崩
——秦始皇陵

1974年的春天，对位于骊山北麓、秦始皇陵东侧的西杨村村民来说，并没有什么特别。他们为了谋食不得不与天斗，想办法弄到水来抗击干旱，这已经是他们每年必做的一项集体工程。不过在这一年，他们想打一口大些的井，改变这种年年都要打井抗旱的状况。

几个人来到村南一片柿林里，看好一个地方后就开始了挖井的工作。经过三天三夜的挖掘，他们没有挖到水，却挖到了一个窟窿。再挖进去一点，竟看到了一个像人头的东西，尽管是土做的，几个挖井的村民还是非常紧张，不是因为他们几天的挖掘劳累没有得到井水的回报，而是因为当地一个可怕的传说。在当地，有个“瓦神爷”的传说，据说“瓦神爷”住在地下，如果有人挖到它，就会接连遇到倒霉事，甚至会有大灾大难。

他们又试探着往下挖，渐渐地，一个完整的与人一般大小的土俑出现在了村民眼前。村民们认为它就是“瓦神爷”，很担心“瓦神爷”要来惩罚他们。这消息就像炸开锅似的传开了。

当地县文化馆得到这个消息后，马上组织专家前往考查，

以消除村民们的恐慌。经过考证，专家认定这些土俑就是秦始皇的兵马俑。就这样，两千余年前的秦始皇陵，神秘的面纱被轻轻掀起了一角，立刻让整个世界无限震惊。

三个兵马俑大坑共有八千余尊的武士俑、匹马俑和四万余件武器，武士俑那井然的秩序、威武的身躯、逼真的神情，让今人仿佛看到了两千两百年前跟随秦始皇嬴政一起征战，并最终统一六国的士兵们的英姿。

◎ 秦始皇陵

在兵马俑被发现并公布于世后不久，1976 年 5 月 14 日，新加坡前总理李光耀就迫不及待地参观了兵马俑，并激动地说："秦兵马俑的发现，是世界的奇迹，民族的骄傲。"两年后，1978 年 9 月，时任巴黎市市长，后曾任法国总统的希拉克在参观后毫不吝啬地称赞说："世界上曾有七大奇迹，秦俑的发现，可以说是'第八大奇迹'了，不看金字塔不算真正到过埃及，不看秦俑不算真正到过中国。"从此，"世界第八大奇迹"便成了秦兵马俑的代名词。

然而，这所谓的"世界第八大奇迹"只不过是秦始皇陵的一角，已被确认面积为 56. 25 平方公里的秦始皇陵，其中还藏有多少玄机、存在多少超乎世人想象的杰作，在没有深入它内部之前，我们无法知道真相。

◎ 武士俑

司马迁《史记》所记载

的秦始皇陵墓的情况，是今天可见的有关秦始皇陵的最早资料。

据说，秦始皇刚做上皇帝，就开始在骊山修建陵墓。在他一统天下后，又抓了七十万壮丁，以加快修建的速度。陵墓有"穿三泉"之深，"下铜而致椁，宫观、百官、奇器珍怪徙藏满之"，"以水银为百川、江河大海，机相灌输，上具天文，下具地理"。并用人鱼膏为材料做成蜡烛，以期长久不灭。为了防止有人进入陵墓偷盗，还让工匠布置了装有机关的弩矢，只要有人进入，弩矢就会自动发射。

从中，足以看出秦始皇陵是多么壮观，多么现代化。项羽在攻进咸阳后，派了三十万士兵挖掘陵墓内珍宝，竟然花了三十日都没能把全部珍宝运完。更神奇的是，据说在项羽派人进入陵墓门时，从陵墓内飞出一只人造金雁，一直往南飞去。到了三国时期，一个从越南来的人给一位叫张善的官吏送来一只金雁。张善是一位博学的官吏，从金雁身上的标志，一眼就看出来金雁正是从秦始皇陵内飞出来的那只。如果金雁真的能从陕西飞到越南，可以说，它毫不逊色于今天的自动化装置。我们亦可以想象，秦朝的机械制造技艺达到了多么高的程度。

◎ 兵马俑

无论是富有神秘色彩的传说，还是刚刚显露于世人面前的兵马俑，都让那厚厚土层掩盖的地宫充满了无限神秘。也许神秘的不仅仅是地宫，还有秦始皇的身世和选址骊山建造陵墓的缘由。

据说，秦始皇本人就是政治投机的结果。秦始皇的父亲叫子楚，作为人质被交换到赵国，是一个无足轻重的秦皇子。秦国的国王老了，而太子宠幸的华阳夫人却没有为这位即将登基的皇帝生出龙子，这在皇宫中是极其危险的信号。赵国的大商人吕不韦看到了这个政治契机，四处活动，终于让华阳夫人将子楚认作儿子，使子楚拥有了继承皇位的权利。当然，这不是吕不韦的最终目的，他把自己最宠爱的歌舞伎献给了子楚，不久，此女生下一个男婴，他就是一统天下的秦始皇嬴政。

◎ 秦始皇像

嬴政十三岁就做了皇帝，但实权却掌握在吕不韦和他母亲手中。这对年少而志向极高的嬴政来说，是难以容忍的。数年之间，他除掉吕不韦和生母，夺回了本该属于自己的权力。他广纳贤才，并带领威武雄师，向外扩张，吞并邻国。一如后来文人所描述的那样，“席卷天下，包举宇内，囊括四海，并吞八荒”。也许正是因为他“挥剑决浮云，诸侯尽西来”，使得他忘乎所以，以期与天地并存，长生不老。

◎ 吕不韦像

这样一位机智多谋的君主，为何要把自己的陵墓建在骊山？是“依山环水”的造陵观念所致？还是如郦道元所说，是因为骊山北面多金子，南面多美玉，于是秦始皇就想在这块宝地上营建自己的陵墓?

有一个传说,似乎也在揭示着什么。

相传,秦始皇有一天带人去骊山游玩,兴致极高。在烟雾缭绕的胜景处遇一美女,她的姿色、举止令秦始皇深为着迷。他走上前去,欲携玉手。不过这次秦始皇错了。这位美人不是需臣服于他脚下的凡间女子,而是一位下凡到骊山游玩的天上仙女。仙女见到秦始皇轻薄的举动,大为恼怒,向着他的脸唾了一口唾沫。说也奇怪,这位自视长相英俊潇洒的秦始皇,脸上立刻长满了脓疮。秦始皇怕了,马上跪地求饶,乞求解药。仙女用手指了指身旁的一湾清水。秦始皇赶紧掬起水来洗脸,脸上的脓疮就真的不见了。

不过,等秦始皇抬起头来,才发现那仙女早已不见了。从此,这位仙女成了秦始皇的一个心病。一生迷恋神仙、欲求长生的秦始皇,在生不得长生药的情形下,也许只能企求永久地在此等待那位仙女再次到来,恩赐他一颗得以长生的药丸。

历经了两千多年,一直沉睡于地下的威武雄师,随着保护性挖掘的不断进展,越来越多地展现于世人眼前。

1980 年,在陵园西侧出土的两辆青铜制车马再次让世人震惊不已。两辆铜制车马经过修复后,其大小相当于真车真马真人的一半,总重量约 2.5 吨。经研究确认,这两辆铜制车马应该就是依据秦始皇生前的銮驾样式制作而成的。两千余年前皇帝所乘坐的御驾,首次立体、准确地穿越历史长河,出现在世人面前。

两辆铜制车马分别为“立车”和“安车”。“立车”配有箭弩和盾牌,可以用来行军打仗。“安车”比“立车”大,可以用来起卧休息。也许,秦始皇数次出巡全国,所御用的就有这样两种车马，“立车”以彰显其战斗雄风，“安车”以缓解其旅途劳顿。

秦始皇陵到底有多大价值？有人说，如果把秦始皇陵地宫打开，让游客去参观，一年的旅游收入就会高达二十五亿元人民币。

◎ 秦陵二号铜车马

可见，不算秦始皇陵本身的历史文物价值和可能从其内发掘出的珍玩珠宝，单其旅游价值就足以令人心动。可是，我们应该轻易拂去覆盖在地宫上的泥土吗？我们有能力拂去覆盖在地宫上的泥土吗？秦始皇陵不仅仅是个陵墓，它更是中华民族乃至全人类的文化遗产。它的意义，从揭开的一角就可以断定，已经远远超过了金字塔。

秦始皇陵，让人不仅想起一段段动人的传说，还有中国封建社会的第一个王朝，书同文、车同轨的开端，残忍的焚书坑儒，以及阵前倒戈的深远启示。

第二节 上谷风尘通大漠，居庸紫翠落层峦
——明十三陵

明十三陵为世人所称道的，除了作为皇家陵园的重要价值，还有整个建筑群落与自然环境的协调一致、相映生辉。英

国著名史学家李约瑟说,“十三陵将所有的建筑,都和风景融会在一起。”

在申报世界遗产时,我们也正是把十三陵建筑与大自然山川、水流和植被的和谐统一,“天造地设”的完美境界,所体现出“天人合一”的哲学内涵,作为最主要的理由。2003 年,明十三陵被联合国教科文组织列入《世界遗产名录》。

十三陵位于北京市昌平区的天寿山之麓。天寿山属太行余脉,太行山起于泽州,蜿蜒绵亘北走千百里山脉不断,至居庸关,万峰矗立回翔盘曲而东,拔地而起为天寿山。天寿山崇高正大,雄伟宽宏,主势强力,且形成了一个三面环山、一面临水、中间为平原的区域,这在风水看来,是再好不过的陵墓之所。

明成祖朱棣早在南京做皇帝时,就认识到北京战略位置的重要性,并想把帝都从南京迁至北京。1407 年,徐皇后病逝后,他派大臣带风水术士到北京寻找陵地,经过一年的勘测,终于认定昌平境内的黄土山为绝佳之选。朱棣遂赐黄土山以“天寿山”之美名,并圈地八十里作为陵区禁地。这样,明朝的帝陵就开始建造了。明代才子梁有誉在其诗作《秋日谒陵眺望二首》中直述其地势是“上谷风尘通大漠,居庸紫翠落层峦”。

十三陵的每座陵墓都依一座小山而建,各自独立。陵与陵之间的距离近的约有半公里,远的有八公里。这十三座陵,除了明崇祯帝的思陵偏在西南一隅外,其余呈扇面形分列于长陵左右。无论是十三陵的依山而建,还是它们错落有致的分布,都使陵墓完全融入天寿山优美的景色之中,让人不禁感叹此佳作一定出自天工之手。

十三陵的秀丽景色与万年吉壤,守护着明朝的十三位皇帝、二十三位皇后、两位太子、三十余名妃嫔和一位太监。可是，从1368年朱元璋建立明朝始，到1644年李自成攻进帝都，崇祯帝朱由检上吊自杀止，明朝有十六位皇帝，为何现在仅有十三陵？其余三位皇帝的皇陵在何处？说到此，我们就不能不谈起明朝的历史了。

明朝的开国皇帝是洪武帝朱元璋，他把明朝的帝都建在了南京，因而，他的陵墓建在了南京城外的钟山脚下，即"明孝陵"。

◎ 朱元璋像

明朝的第二任皇帝是朱元璋的孙子建文帝朱允炆，他想加强中央集权，于是就削弱各藩王的地方权力。这使得他的叔父、镇守北平的燕王朱棣极为不满，并找了一个"靖难"的借口，大举起兵进军南京。在一片战乱中，朱棣攻克了皇宫，建文帝朱允炆也不见了踪影，真是"活不见人，死不见尸"。这样，建文帝的帝陵也就无从说起了。

明朝的第七任皇帝是朱祁钰。1449年，他的皇兄明英宗朱祁镇贸然出击，被瓦剌部落在土木堡生擒。俗话说得好，国不可一日无主。在这种情形下，朱祁钰顺应太后和大臣的请求，登基称帝，并改国号为"景泰"。

可是不久，朱祁镇被释放归来，朱祁钰不想将皇位让出，就让朱祁镇做起了太上皇。虽然朱祁镇无能被生擒，却还是一心想把皇位夺回来。经过漫长的等待，朱祁镇终于在1457年发起"夺门之变"，杀掉临危受任的亲兄弟朱祁钰，重新登上了皇帝宝座。

重登帝位的朱祁镇不但不承认朱祁钰是皇帝，不让其葬于明朝的帝陵区，还将朱祁钰在天寿山陵区内修建的帝陵捣毁。最后，朱祁钰以“王”的身份葬于北京西郊玉泉山。

这样，明朝的十六位皇帝，死后葬在明皇家陵园内的就只有十三位了。

不过，明十三陵并不都是明朝建造的。明朝最后一位皇帝崇祯帝朱由检的帝陵，是由清朝统治者修建的。

1644 年，崇祯帝朱由检还从未考虑过身后事，李自成就带着军队攻进了北京。明朝的统治已到尽头，崇祯帝心如死灰，想到祖先的江山就这样断送在自己手里，惭愧之余，无奈之下，找到煤山上的一棵歪脖树，用一根绳子结束了自己的生命。在世事纷乱中，谁也没有工夫把崇祯帝安葬在皇家陵区内。到了清朝顺治年间，统治者为了笼络汉族士人和广大百姓，把明皇陵内的一座妃子陵改为崇祯帝的皇陵，按照明朝皇帝的礼数把崇祯帝重新安葬于陵内，并把此陵命名为思陵。

◎ 朱由检像

陵区内的十三座皇陵，它们的规制、格局基本是相同的，都是借鉴“天圆地方”的理念，建造成前方后圆的布局。各陵前都立有石碑，周围有陵墙，中轴线上依次为陵门、祾恩门、祾恩殿、棂星门、石五供、明楼。明楼内树碑，上刻皇帝的庙号、谥号。明楼后为宝城，宝城中填黄土，下面就是皇帝和皇后的地宫。

每座陵都设有管理皇陵的太监住房、用来种植以供祭祀的瓜果园和守护陵园的卫兵。

不过，十三陵的大小奢简还是有区别的。在十三陵内，有“三最”：长陵最大，景陵最小，献陵最朴。

长陵，是明成祖朱棣和皇后徐氏的合葬陵寝，始建于永乐七年（1409 年），完工于宣德二年（1427 年），前后历经约十八年的时间。由于是天寿山皇陵区内的第一座陵，其建造以宏大为主导思想，占地约十二万平方米。其后十二陵的面积再没有超过它的。不过我们今天去参观长陵，就会发现它的“祾恩门”变成了“稜恩门”。为什么会有这个变化呢？原来，在1935 年修缮长陵时，不小心把“祾”写成了“稜”。这一不小心的败笔，在宏伟、肃穆、庄严的长陵中显得甚为刺眼。

◎ 长陵

景陵是明宣宗朱瞻基和皇后孙氏的合葬陵寝，始建于宣德十年（1435 年），完工于天顺七年（1463 年），断断续续用了近二十八年的时间。虽然建造时间不短，但由于此陵选址于天寿山东峰黑山之下，且宣宗有遗诏说：“丧制悉遵皇考洪熙元年五月遗诏，毋改山陵，务从俭约。”既然诏书说不能改动山陵，营建必当遵遗诏进行，可是黑山脚下可供营建陵墓的土地又不宽广，于是只能因

◎ 景陵

地势营建，保留帝陵规制、布局而缩小尺寸。不过没想到这一缩小，竟成了十三陵之最小，景陵建成后，占地仅2.5万平方米，就连明世宗朱厚熜都嫌其狭小，在1536年祭拜陵园后，要求对景陵进行扩建。

◎ 献陵

献陵是明仁宗朱高炽和皇后张氏的合葬陵寝，位于天寿山西峰下，洪熙元年(1425年)开建，正统八年(1443年)完工，前后用了约十八年，占地约4.2万平方米。明仁宗为朱棣的长子，在位不到一年就去世了。据史书载他是一位有才能、体恤民情的好皇帝，对于自己的陵墓，他有遗诏说："朕临御日浅，恩泽未浃于民，不忍重劳，山陵制度，务从俭约。"他的陵墓设计是由明宣宗亲自过问的，在规制上仿效长陵，但为了遵守遗诏，在营建时已经大大缩水，完全没有了长陵宏伟与气派，最后成了十三陵中建造最为俭朴的陵墓。

也许会有人问，既然十三陵地上的建筑规制、布局都基本相同，那十三陵的地下玄宫究竟是什么样子呢？要知道这一点，我们只能通过定陵的玄宫建造样式加以了解。因为十三陵中，只有定陵的地下玄宫进行了考古挖掘。

定陵是明神宗朱翊钧和他的两位皇后的合葬陵。此陵于明神宗生前建造，神宗对此项工程非常重视。在选陵址时，神宗先派大臣和风水术士展开一年的摸排，然后两次亲自前往，最后带领两宫皇太后视察现场，最终决定在天寿山的大峪山东麓营建陵墓。据说在营建定陵时，神宗曾六次到工地察看，最后一次还和随从的大臣一起在建造好的地下玄宫内饮酒休息。可见朱翊钧对他的陵墓还是非常满意的。

不过他怎么也不会想到，在十三陵中，他生前苦心经营的陵墓竟是第一个被挖掘的。1956 年 5 月，经过认真论证后，专家们开始了对定陵地下玄宫的挖掘，一年后终于成功地挖掘完毕，使整个定陵地下玄宫呈现于世人面前。

定陵地下玄宫是一座规模雄伟的巨大石宫，用巨石垒砌墙壁，双曲拱券形式的殿顶，没有一根梁柱，是名副其实的无梁殿。内部分为前、中、后、左、右五座高大宽敞的殿堂，总面积约 1195 平方米。殿堂之间有双扇石门相隔，前、中、后三室特别高大，尊居中路，室前建有精致的汉白玉石门和门楼。前殿内没有东西；中殿后部放有三个汉白玉石雕刻的神座，神座前有黄色琉璃五供和青花云龙纹大瓷缸；后殿内放有棺床，棺床上有明神宗朱翊钧和两位皇后的棺椁，棺椁上有仪仗、铭旌，周围还有玉石、梅瓶、二十六只朱漆木箱和孝靖皇后的圹志，地面铺砌的是磨光的花斑石。左、右配殿分居于中殿两侧，地面铺青白石，内没有任何东西。

如果十三陵地上与地下的建筑规制都基本相同，通过这个皇帝生前就花费许多心血而营建的地下玄宫，我们不难想象出其他陵墓的地下玄宫是什么样子。

十三陵，一个少有的皇家陵园建筑群，它不以争奇斗艳的建造风格独立于世，而是以“毋改山陵”的遗训，依山借景，形成了与周围环境和谐共生的自然与人文遗迹。

第三节 郁葱佳气昼沉沉，五里如云属孔林——孔林

孔林，又名“至圣林”，人们美誉其为“天下第一林”。

它位于山东省曲阜市城北，是孔子及其后裔的家族墓地。孔子于鲁哀公十六年（公元前479年）四月安葬于此，至今已有近两千五百年的历史。不过最初时孔林还没有现在的规模。自汉代起，统治者开始重视孔子的儒学思想，也就开始了修缮、扩建孔林的工作。经过大大小小十三次的重修、增修，以及孔子后裔不断安葬于此，终于形成了今天灰砖围墙七公里、占地面积三千亩的规模。

拜谒孔林，必会经过孔林前一条两侧植有桧柏的神道。奇怪的是，神道两侧的桧柏皆是旁枝斜出，并没有顶。在神道的中部，有一座平地突起的文津桥，桥下也并没有水，也许这意味着，跨过此桥去拜谒孔子墓，就能取得文章道德。

在神道的正中间，有一座曲阜现存最大的石坊，坊额上题“万古长春”四字，喻义孔子的思想和精神永垂不朽。在万古长春坊的东西各有一碑亭，东碑亭内的石碑正面正中刻有“大成至圣先师孔子神道碑”，西碑亭内的石碑为“阙里重修林庙碑”，记录重修孔林的花销为两万两黄金。石坊与石碑都为明代修建、树立。

过“万古长春”坊再行约千米，便来到孔林的第一道标志

性大门——“至圣林”坊。坊后三间门楼为孔林外大门，俗称“大林门”。

大林门内顺延着神道，继续前行约四百米，就来到孔林二林门。它是一座城楼式台门，门额上方嵌石匾一方，阴刻“至圣林”三个篆体大字。似在告诉拜谒者，过了这道门，就是至圣林了，至此要把一切没有剔除的杂念都搁置门外，怀揣真挚、虔诚的心去膜拜圣人。

进入二林门，便到达实质上的林区了。

过了二林门不远，有一条小河，名叫洙水河。据说，当年孔子带领弟子们来择墓地时，并没有这条河。虽然孔子比较满意这块墓地，子路还是特意提出此地无河水的缺陷。孔子笑着回答说，秦人会在我的墓前挖一条河的。子路对孔子的话半信半疑，却又不好说什么了。

到了秦朝，秦始皇统一六国后，企图灭除儒家思想的影响，于是就带人到孔林来掘孔子的坟墓。秦始皇进入墓室后看到一间房子，内有一张石桌和一张石床，桌上有一壶酒，床前有一双靴子。秦始皇拿起酒壶，闻到酒香，想喝上一口，但怕里面有毒，于是就放下了。他又坐上石床，穿上那双靴子，四处走动。这时，他发现石桌上还有一个小抽屉，拉开看见一信简，上面写着：“秦始皇，秦始皇，扒我的坟，进我的房，疑我的酒，拒一旁，穿我的靴，坐我的床，飞沙打你一命亡。”此时恰起一阵风，秦

◎ 孔子像

始皇吓坏了，慌忙逃出墓室。丞相李斯见状忙献计说："在孔子墓前挖一条河，引洙水流过，就可以破了这块墓地的风水。"秦始皇就照计行事，很快就挖好了河并引来了洙水。这正应了孔子原来说过的话。

◎ 洙水桥

有河就会有桥，在洙水河上，有一座洙水桥。桥的南面有一石坊，石坊的两边都刻有"洙水桥"三字，这是明代大奸臣严嵩的手迹。在严嵩身上，"字如其人"的说法显然是不正确的，他虽是奸臣，却写得一手好字。也许每个拜谒孔林的人都为保留严嵩的字而感到气愤，但其实这还不是最可气的。在石坊的南面，题为清雍正十年(1732 年)建，而北面却题为明嘉靖二年(1523 年)建，一块石坊，题有两个时间，而且还相差那么久远，这是为什么呢？原来，这与官员腐败有关。

据说，清雍正帝想修缮孔林，就命陈世倌、张体仁监工。可是这二人却把大量金银都贪污了，又不好交差，就让工匠把明代树立的洙水桥石坊上的字磨掉，再刻上"清雍正十年"的字样。平时他们常克扣工匠的工钱，工匠对他俩非常痛恨，就只把南面磨去改了，而北面却没有改，以此来揭露这些贪官的丑陋嘴脸。

走过洙水桥，穿过挡墓门，就是孔子墓前的享殿。享殿是用来在祭祀孔子时摆放祭品的。在享殿前有一个不太长的甬道，甬道两侧都有华表、文豹、角端和翁仲。这里的华表与别处不同，它的中间没有装饰祥云，而是一根石柱直冲云霄。文豹和角端都是想象出来的神兽，据说它们在孔子生前时刻陪在孔子左右，文豹神异灵通，常为孔子捧书磨墨；角端日行一万八千里且通晓四方语言，在孔子周游列国时，为孔子驾车，兼做翻译。在此树立文武翁仲，也就是左右两边一文一武的石像，意在显示孔子墓的规格之高。

说起甬道的这对翁仲，还有一个有趣的掌故。

乾隆皇帝有次到孔林祭祀孔子，经过甬道时看到这对翁仲，一时想不起它们的名字，于是就问身边跟随的翰林。没想到那位翰林被他这么冷不丁的一问，猜不出皇帝到底是有什么目的，一紧张就回答说："皇上，叫仲翁。"乾隆帝被他这么一说，就想起了这石像叫翁仲，而不是仲翁。乾隆帝觉得这样的翰林学识不够，跟着自己有失身份，于是就对这位翰林说："翁仲缘何对仲翁？怨尔当年欠夫功。尔今一身为翰林，贬当江南做判通。"就这样，这位侍奉皇帝的翰林一下被贬成了连七品芝麻官都不如的小官了。

享殿后，就是孔林的核心区——孔子墓。孔子墓高大而庄严，形如隆起的马背，故又称"马鬣封"。其实当时孔子安葬时是没有这突起的"马鬣封"的，在那时，安葬的礼仪是"墓而不坟"，也就是只建筑地下墓室，不在地上高高培土突起。是后人为了更好地纪念孔子，经过历代修缮、扩建孔林，才不断培土而起为今天的形状的。在孔子墓前有明正统八年（1443 年）立的石牌，上面篆刻有"大成至圣文

◎ 孔子墓

宣王墓”八字。

据说，当年康熙帝来孔林祭孔时，到孔子墓就是不下跪，当时随从的衍圣公和大臣不知道是怎么回事，心里都惶恐不安。好在给康熙做讲解的孔尚任非常聪明，他从康熙帝紧盯石牌上的字觉察到康熙是拜师不拜王的，于是就赶紧让人找来一缎黄绫，遮住“文宣王”三字，并书以“先师”二字。这样，康熙帝才下跪行祭祀礼。通过这件事，康熙帝认为孔尚任非常博学聪明，回京后就把孔尚任调到了京城任职。后来，孔尚任还创作了戏曲不朽名著《桃花扇》，死后也安葬于孔林。

孔子墓的东边是他的儿子孔鲤的墓，前面是他的孙子孔伋的墓，人称这种墓葬方式为“携子抱孙”，喻一家团圆、人丁兴旺。

关于孔子及其子孙，还有这样的故事：

有一次，孔子在自家庭院里看到孔鲤经过，就问他有没有学《诗经》，孔鲤说没有，孔子就教训说，不学《诗经》，以后就不会说话交际。孔鲤就赶紧到书房恶补《诗经》。过了几天，孔子又碰到儿子，就问他有没有学习《礼记》，孔鲤说没有，孔子又教训说，不学《礼记》，以后就不能立身于世。于是孔鲤又赶紧恶补《礼记》。

当然，这里讲孔鲤学习的事，并不是说孔鲤愚笨。有一次，孔鲤教育自认为超过父亲的孔伋说：“你拽什么呀？你的老子跟我老子比差远啦。”孔伋想想，无言以对。如此看来，孔鲤也很聪明。

提到孔子，我们都会想到他对三千弟子、七十二贤人的成功教育。走进孔林，当然也会看到子贡手植楷的纪念处。子贡是孔子的得意弟子，由于没有能赶上孔子的葬礼，在坟前哭得死去活来，在其他师兄弟守墓三年相继离去后，他在墓边又独自为老师守了三年墓，并把他从外地带来的楷树苗种植在墓边，精心培育，希望它长大后为老师的墓遮挡风雨。此树果然越长越大，越长越茂盛。一直到清康熙年间，才因被雷击中而烧毁。人们为了记住这位不忘师恩的学生，就将烧剩的树桩围起，并在旁边建起楷亭，把楷树生前的样子摹刻于石牌上。

带植物到孔子墓地的不止子贡一人。孔子的众多学生都把自己家乡的植物带到孔林，以表自己永远不忘恩师、陪伴恩师之心。从四面八方带到孔林的植物，极大地丰富了孔林内的植被。据说，孔林内有植物十万株之多。高的耸入云霄，直插青天；矮的随地蔓延，化作地裳。可是，在这样一个树林茂盛的墓葬群中，却看不到乌鸦和毒蛇的身影。也许，它们自知名声不好，不敢来惊扰安歇的圣人吧。

南唐进士杨文郁的《谒圣林》云："悠悠往古继来今，天地无穷照孔林。两到金丝堂下拜，门生无负百年心。"杨进士两次拜谒孔林，受到孔子精神的激励，发奋图强以谢恩。孔林，就是这样吸引着一代又一代读书人到此拜谒，表达对圣人的追忆，并写下了一首首美妙佳篇。

第四节 昭君自有千秋在，胡汉和亲识见高
——昭君墓

如果追寻昭君墓，我们会迷失方向。因为，我国竟然有十

几处昭君墓。不过，提起昭君墓，人们首先会想起的，大多是那座位于内蒙古呼和浩特市的“青冢”。

◎ “青冢”

内蒙古呼和浩特市的昭君墓，是呼和浩特市的八大旅游景点之一。它位于呼和浩特市南郊九公里处的大黑河畔，是一个平地而起、人工夯实而成的土丘，占地约3.3公顷，高33米。不过，据史料记载，这座墓并不是那位影响中国近两千年的奇女子的安息之处，其内只是掩埋了她生前所穿戴的衣冠。也就是说，这座为世人所公认的昭君墓，其实是个衣冠墓。

两千余年前的王昭君尸骨到底葬于何处，现存的文献资料并没有给出明确的答案。

黑河之畔的昭君墓周边景色优美，草木茂盛。远望昭君墓，犹如一幅黛色朦胧的迷人画卷，人们赞此景曰“青冢拥黛”。据说，昭君墓在不同的时刻会呈现出不同的景色，故对于昭君墓，人们形象地描述它：“晨如锋，午如钟，酉如枞”，也就是说，早晨的昭君墓如一座山峰，中午的昭君墓如一口大钟，傍晚时的昭君墓如一棵蘑菇。

◎ 昭君铜像

新中国成立后，经过政府的多次修缮，如今昭君墓已成为一座占地约七十三亩的陵园。走进陵园，首先映入眼帘的是一座高高的雕塑铜像,为呼韩邪单于和王昭君阏氏骑马并行。细看铜像,王昭君温柔秀丽、柔中带刚;呼韩邪单于威武雄壮、粗犷豪放。据说雕塑马头朝西,是因为王昭君是从西安往西而到达匈奴的。

雕塑后,朝阳耸立着一块高大的石碑,碑上有蒙、汉两种文字镌刻的已故国家副主席董必武的诗作《谒昭君墓》,诗云:“昭君自有千秋在,胡汉和亲识见高。词客各抒胸臆懑,舞文弄墨总徒劳。”董必武以国家领导人的卓识,从国家和民族的利益出发,高度赞扬了王昭君出使匈奴的壮举,批评了历代文人骚客哀哀怨怨的诉说与臆测。

石碑后就是青冢,一座高高耸起的土丘。在青冢的顶部,有一个六角攒尖的小亭。站在小亭内放眼四望,周边景色尽收眼底,既可看到连绵不断的阴山山脉横贯东西,也能欣赏到呼和浩特市全景。

昭君墓的东侧,刻有历代文人所写的吟咏昭君的诗文;西侧,是有关昭君墓的历史文物陈列厅。在陈列厅内,可以看到一座王昭君汉白玉雕像,可谓蛾眉秀发,明眸皓齿,怀抱琵琶,浅颦低笑。

说起王昭君,我们脑海里马上就会浮现出“羞花”“闭月”“沉鱼”“落雁”四大美人,是的,王昭君就是那位被称作“落雁”的美人。据说,在王昭君去匈奴和亲的路上,天空中飞行的大雁看到王昭君的容貌,都为她的天姿丽色所惊呆,注目凝视,以至于忘掉了正在天空飞翔而停止舞动翅膀,纷纷跌落下来。

王昭君为什么要去匈奴和亲?说到此,我们不得不从王昭君和亲之前的身世谈起。

据史载,王昭君本名嫱,字昭君,小名叫皓月,出生在南郡秭归(今湖北兴化)的一个普通人家。王昭君天生丽质,乡人皆知。在一次皇帝大选天下美女时，王昭君被选入掖庭，等待天子的临幸。

等待的日子并不好过。在美女如云的掖庭，天子并不是亲自挑选陪寝对象的，而是在宫中对着画师为掖庭中的女子画的像来挑选。这使得画师手中的笔成为直接决定掖庭中女子命运的权杖。于是，一些富有心机的女子便把身边值钱的东西送给画师，让画师把自己画得更美些。

可是，天生貌美的王昭君虽然冰雪聪明，却痛恨这种行贿的行为，厌恶画师的丑陋行径，拒不行贿。她的画师毛延寿因此恼羞成怒，就在她如仙女下凡的画像上，令人销魂的杏眼下方，点上了一个黑点。这一点，就将王昭君被天子选中的机会化为了乌有。因为根据相面术，这被称作“丧夫落泪痣”。有了这颗克夫的痣，天子躲还来不及，又怎么会选她。

王昭君在掖庭内等了一年又一年，心情也由希望变作气愤。恰巧，天子要从掖庭选美女送给匈奴的呼韩邪单于，以实现与匈奴和平共处的目的。谁想去那荒凉的匈奴之地？谁想远离自己的家乡奔走异域？王昭君对自己被临幸已经由期望变作了绝望，她不想就这样了却一生，于是主动向掖庭长官报名。毫无疑问，她被选中了。

就这样，王昭君踏上了去匈奴和亲的路。在她远嫁到匈奴后，两国六十年没有发动过战争，边境地区也得到了长期的安定和发展。

可是，王昭君在匈奴到底死于何时，葬于何地，却无处可考。这是匈奴的风俗所致。匈奴人死后，只是埋葬，并不在上面筑起坟土。现在能见到的最早提及昭君墓的文献，是唐代杜佑编的《通典》。

王昭君远嫁匈奴换来和平，使她成为文人、史学家、政治家的吟咏对象。唐朝诗圣杜甫就有一首《咏史》，其云：

群山万壑赴荆门，生长明妃尚有村。
一去紫台连朔漠，独留青冢向黄昏。
画图省识春风面，环佩空归月夜魂。
千载琵琶作胡语，分明怨恨曲中论。

这首诗，追溯了王昭君的出生地，说明了她只是一个平民百姓家的孩子。但是，她的生平却是不平常的，不仅进了掖庭，而且到了荒漠。她的身后也是凄凉的，什么也没有，只有那突兀而起的坟墓，在黄昏时刻欲加显得落寞。杜甫还认为，王昭君出使匈奴和亲，是怀着对天子的无限怨恨的。

对于王昭君的遭际，唐朝大诗人白居易也写有一首《青冢》，以表同情，其云：

上有饥鹰号，下有枯蓬走。茫茫边雪里，一掬沙培塿。
传是昭君墓，埋闭蛾眉久。凝脂化为泥，铅黛复何有。
唯有阴怨气，时生坟左右。郁郁如苦雾，不随骨销朽。
妇人无他才，荣枯系妍否。何乃明妃命，独悬画工手。
丹青一诖误，白黑相纷纠。遂使君眼中，西施作嫫母。
同侪倾宠幸，异类为配偶。祸福安可知，美颜不如丑。
何言一时事，可戒千年后。特报后来姝，不须倚眉首。
无辞插荆钗，嫁作贫家妇。不见青冢上，行人为浇酒。

此作描述出匈奴的恶劣环境，认为王昭君死后对导致自己命运的画工仍有无限怨气，并进而劝诫女子出嫁需谨慎，否则就会如王昭君一样成为异乡之鬼。

不难看出，几乎所有对王昭君表示同情的诗作，都会把王昭君出嫁匈奴和亲看作悲剧，认为这是被逼的无奈之举，并且把此悲剧的罪过全部归于画工毛延寿头上。

对此，宋代大文学家、政治家王安石曾表示过异议，他在

《明妃曲》中说："意态由来画不成，当时枉杀毛延寿。"和王安石的看法相近，唐朝诗人王睿的《解昭君怨》更是对王昭君和亲表示了极大赞同，诗云："莫怨工人丑画身，莫嫌明主遣和亲。当时若不嫁胡虏，只是宫中一舞人。"他从个体价值的观念出发，认为如果王昭君不和亲匈奴，即使被天子临幸，也不过是皇帝的一个玩偶。

经历两千余年的歌咏，王昭君成了一个特有的文化现象。据不完全统计，吟咏昭君及昭君墓的诗歌约有七百余首，小说和民间故事约有四十种，各类戏剧、戏曲约有三十种，记载有王昭君故事的著作约有三百种，而且，王昭君还不断地被搬上荧屏。如今，绘画、雕塑、音乐、歌舞、文学、影视等领域，无不留有王昭君的身影。

第五节 到底君王负旧盟，江山情重美人轻
——杨贵妃墓

杨贵妃，一个令人并不陌生的名字，虽然她早已在一千二百年前香消玉殒。她的墓是一个不大的陵园，位于陕西省兴平市马嵬镇西五百米处，距西安市六十公里。

杨贵妃墓依山坡而建，呈阶梯状上升。在陵园的大门顶额，有 1936 年邵力子书写的"唐杨氏贵妃之墓"七个字。两边有一副对联，其云："妃子魂销犹如梨花春带雨，马嵬玉损幸留古韵冢携香。"

入得大门，是一座仿古式的三间献殿。献殿后，就是一个高约三米的墓冢，墓冢的封土四周都用青砖砌盖，这就是贵妃墓。据说，贵妃墓上的草与土具有美容的作用，很多女子到了贵妃墓，都会拔草、包土回家，或是把草捣成汁糊状涂脸，或是把土和以面粉，并称其为“贵妃粉”，认为用此擦脸，能去痘绝斑，令皮肤娇嫩无比。关于这个说法，还有一个传说。

◎ 杨贵妃陵园

距杨贵妃墓不远的地方，有一户人家，家中有一女，脸长得很黑，媒婆给提了很多亲事，男方都嫌她长得黑、不俊俏，不同意这门婚事。一天晚上，这个女子伤心乱走时，走到了杨贵妃的坟边，于是就坐下号啕大哭，边哭边不时用手抹脸上的泪水，而手上又沾了坟上的土。就这样，哭了好久，她的脸被土全抹了一遍。回到家，她用清水洗过脸后，父母被她惊呆了——自家的黑妞一下子变白、变俊俏了。很快，她就找到了如意的婆家。以后，凡是想变美的女性，都到杨贵妃墓来取土美容。后来为了有效防止贵妃墓土日益减少，就用青砖把四周砌了起来。

◎ 杨贵妃墓

关于这个传说，《西安府志》也有记载：“**贵妃粉出马嵬坡上，土白如粉块，妇女面有黑点者，以粉洗之即除。**”

◎ 杨贵妃雕像

在贵妃墓冢前有一碑楼，上刻“唐玄宗贵妃杨氏墓”八个字。看到这八个字，我们也许会不由想起杨贵妃的爱情故事。

杨贵妃原来并不是唐玄宗李隆基的妃子，而是他儿子寿王李瑁的老婆。

杨贵妃原名叫杨玉环，是唐朝一位普通地方官的女儿。由于她天生貌美如花，善歌舞且能谱曲，聪慧过人，善解人意，唐玄宗的儿子寿王李瑁对她一见钟情，经父皇同意后娶回家里做了老婆，两人恩爱欢快地生活了五年。在这五年里，唐玄宗从没有见过他的这位儿媳妇。

五年后的一天，唐玄宗第一次见到了杨玉环，自此便难以从心头割舍。于是，他先让杨玉环出家做了道姑，法号“太真”，然后又将她迎娶进皇宫，并封她为“贵妃”。就这样，杨玉环变成了杨贵妃。

也许有人会问，杨玉环到底有多美，以至于皇帝做出了如此令人不齿的行径。这也有一个传说。

杨玉环被迎进皇宫后，唐玄宗曾有一段时间竟忘了还有这么一个从儿子手里抢过来的美人。杨玉环很思念与寿王一起恩爱的时光，备感忧郁。有一次，杨玉环和宫女在花园散心，走到含羞草跟前，含羞草的叶子就卷了起来。宫女为了逗杨玉环开心，就说是她的美貌让含羞草自惭形秽、不敢抬头了。这样一传十、十传百，唐玄宗听说后就赶紧召见这位能羞花的美女。杨玉环也因此获得了皇帝的宠爱，并有了“羞花”

的美誉。

贵妃墓的两侧是碑廊，镌刻着唐以后历朝文人骚客有关杨贵妃的诗作三百余首。镌刻书体各不相同，诗作对杨玉环也褒贬不一。

墓冢后是胜景园。在台阶的平台上，有一个高约三米的杨贵妃汉白玉雕像，雕像表情凝重，颔首下望。此外，胜景园还有三大景点。

◎ 唐玄宗像

一是太真阁。太真阁为双层仿唐架构，阁内绘制了巨幅《太真入道图》，四周镶嵌八组设计精美的展板，展示有关“马嵬双迷”“贵妃遗迹”“贵妃东渡”等有关杨贵妃的史实与传说。说到“贵妃东渡”，可谓非常富有传奇性，如果此事是真的，那我们今天所说的贵妃墓，就纯粹是一个空墓了，甚至传说这里的贵妃墓仅埋有杨贵妃的一个香囊和一只袜子都值得考量。

传说，“安史之乱”时，唐玄宗带着杨贵妃和大队人马逃往四川，至马嵬坡，保护他的军队哗变，不听命令了。他们处死杨贵妃的哥哥杨国忠，并要挟唐玄宗处死杨贵妃，认为正是杨氏兄妹作乱，才使得唐朝有了这次动乱。唐玄宗被逼无奈，只得答应，于是赐杨贵妃一条白绫让她自尽。这也就是李商隐所嘲讽的“如何四纪为天子，不及卢家有莫愁”。当时主管这事的是内臣高力士和军帅陈玄礼，两人施了调包计，让杨贵妃的一个侍女代她上吊死了，然后秘密地送杨贵妃东渡到了日本。

在日本，杨贵妃凭借智慧，帮助日本天皇挫败了一次政

◎ 日本九津的杨贵妃墓

变。就这样，她一直生活在日本，到死也没有回到中国。现在日本还有两座贵妃墓来表明这段传说的真实性，一些日本人还自称是杨贵妃的后人。如 1963 年有一位日本姑娘通过向电视观众展示自己的家谱，来证明自己就是杨贵妃的后人，日本著名影星山口百惠也曾自称是杨贵妃的后裔。杨贵妃在日本这么受到追捧，即使她真的在马嵬坡军队哗变中死了，也应该瞑目了。

真是生前的杨贵妃让人迷恋，死后的杨贵妃让人迷惑。不仅是日本的贵妃墓让人迷惑，杨贵妃在中国的葬身之地也让人迷惑。据报道，在四川省都江堰市两和乡发现了一座坟墓，考古专家称，这个墓的墓主极可能就是杨贵妃。

二为长恨歌画廊。长恨歌画廊主要是依唐朝大诗人白居易的《长恨歌》而建。《长恨歌》是描写杨贵妃的众多诗篇中影响最广最远的一篇，不仅追溯了杨贵妃的一生，而且极其浪漫地描绘了她与唐玄宗的坚贞爱情，使得有情的男男女女都把“在天愿作比翼鸟，在地愿为连理枝”作为爱情的誓言。

长恨歌画廊以《长恨歌》的描述为主线，用三十幅壁画形象地诠释这首传唱千古的诗篇，展现了从开元盛世到天宝遭难的杨贵妃命运的兴衰轨迹。观遍画廊，不禁让人生起无限感叹与遐思。

三是观音殿。它的修建，是以佛学家郭元兴的学术考证为依据的。史载观音以女身造像起始于唐朝，印度法师不空看到失去杨贵妃的唐玄宗无限悲凄、哀怨，为了安慰他，就以杨贵妃生前的容貌画成观音像供奉。这样，杨贵妃的遗容便成为观音的原型。如此一来，此殿不仅有纪念杨贵妃之妙，也有劝人向善之意。

◎ 贵妃墓观音殿

杨贵妃注定要进入文人的视野，既有《长恨歌》那样的诗作对其表达无限同情，还有与《长恨歌传》共同滋生的清代著名戏曲《长生殿》，都歌颂了她与唐玄宗的爱情。

但白居易在《李夫人》诗篇中也说："又不见泰陵一掬泪，马嵬坡下念杨妃。纵令妍姿艳质化为土，此恨长在无销期。生亦惑，死亦惑，尤物惑人忘不得。人非木石皆有情，不如不遇倾城色。"白居易还是认为杨贵妃迷惑了唐玄宗。与他相同，宋代的诗人金朋说在《杨贵妃》中亦云："倾国娇容启色荒，能移帝主堕三纲。"也许唐朝诗人高骈在《马嵬驿》中所书，更能启人深思，其云："玉颜虽掩马嵬尘，冤气和烟锁渭津。蝉鬓不随銮驾去，至今空感往来人。"

一个生前身不由己的女子，死后亦只能任人评说。在今天可见的诗歌、戏曲、电视、电影、学术研究等中的杨贵妃形象，有多少是她生前的写照呢？面对这青砖覆盖的坟墓，我们心中也许自有评说。

第二章

庭院遗迹

面对着“朱门酒肉臭，路有冻死骨”（《自京赴奉先咏怀五百字》）的现实，杜甫也厌倦了那“朝扣富儿门，暮随肥马尘。残杯与冷炙，到处潜悲辛”（《奉赠韦左丞丈二十二韵》）的生活，唱出了“安得广厦千万间，大庇天下寒士俱欢颜，风雨不动安如山”（《茅屋为秋风所破歌》）的愿望。

但是，杜甫之后，宋代依然是“陶尽门前土，屋上无片瓦。十指不沾泥，鳞鳞居大厦”（宋梅尧臣《陶者》）。但是，在“饥者无其食，寒者无其衣”的现实世界中，从来不缺乏高墙深院的朱门之户。

诗词中的庭院意象，总是能令人遐想绵邈。欧阳修在一首《蝶恋花》词中，把庭院的意韵描绘到了极致。他吟曰：“庭院深深深几许，杨柳堆烟，帘幕无重数。玉勒雕鞍游冶处，楼高不见章台路。雨横风狂三月暮，门掩黄昏，无计留春住。泪眼问花花不语，乱红飞过秋千去。”这一曲，唱得李清照泪如雨下，不禁随声附和。在他们的吟唱中，这些高门大院、亭台楼阁、小桥流水、山石花草，也成为遗迹，成为过去社会的生活记忆。

第一节 浓春何处归来早，堆秀山前绛雪轩
——故宫

故宫，前朝皇帝所居住和工作的宫殿建筑群的统称，现主

要用来指明清两朝二十四位皇帝五百余年居住、工作过的宫殿建筑群。现在，它的全称叫“北京故宫博物院”，不过人们还是习惯称它为“故宫”。

故宫又名紫禁城，在向世界介绍故宫时我们一般将它译为“The Palace Museum”，而欧美的一些旅游手册则译为“The Forbidden City”，也就是紫禁城的意思。将故宫称作紫禁城，是有缘由的。

中国封建社会的皇帝都以真龙天子自命。他们认为，天上有统治天庭的玉皇大帝，玉皇大帝居住、工作的地方是天的中心，也就是天上的紫微星，于是皇帝就认为自己居住的宫殿也就是紫微星在下界对应的位置，故而用其“紫”。同时，皇帝居住的地方池深城高，戒备森严，禁止普通的老百姓接近。这样，故宫也被称作“紫禁城”。

故宫为明成祖朱棣所建。他从侄儿手里夺得明政权后，一心想从南京迁都北京，于是就命大臣在北京营建自己的宫殿。虽然许多大臣反对，但故宫还是在明永乐四年(1406 年)开始动工，并于永乐十八年(1420 年)落成。建成后的故宫以南北中轴为主线、东西各一条辅线，呈现从整体到局部都有主有辅的格局。南北长 961 米，东西宽 753 米，占地面积约为 72 万平方米，建筑面积 15. 5 万平方米，周围有高 10 米、长 3400 米的宫墙，墙外有宽 52 米的护城河。

据说，故宫建筑共有 9999. 5 间，这里还有一个非常神奇的传说。

明成祖朱棣想把宫殿盖得尽量大而华贵，以显示自己的威严。一天，朱棣做了一个怪梦，正要传旨宣刘伯温来解梦时，刘伯温自己来了，说：“臣做了一个梦，梦见玉皇大帝把臣召到凌霄殿上对臣说：‘你朝皇帝要修盖皇宫，你告诉他，天宫宝殿是一万间，凡间宫殿万不可超过天宫。’玉皇大帝说完这些话，就扑过来一阵白茫茫的香雾，一下子就把臣吓醒了！”朱棣听完，告诉刘伯温他也做了同样的梦。

◎ 朱棣像

为了遵照玉皇大帝的旨意，朱棣让刘伯温监造一座不到一万间、跟天宫差不多的皇宫。刘伯温于是就遵照玉帝和皇帝的旨意，盖了9999.5间宫殿，既没有超过天宫，也让皇帝非常满意。根据古代“四柱一间”的标准，现在实际有8707间。虽说少了1000多间，不过也够一个人每晚不重复地住27年了。

故宫四周的围墙开有四个大门，南边的叫午门，北边的叫神武门，东边的叫东华门，西边的叫西华门。皇帝驾崩后的灵柩多是从东华门运出，故东华门又被称作“鬼门”。

◎ 鸟瞰故宫博物院全景

午门是故宫的正大门，其平面为凹形，东西北三面以12米高的城台相连，环抱一个方形广场。正中上有九间面宽的大殿，重檐庑殿顶，左右伸出两阙城墙上有联檐通脊的楼阁四座，明廊相连，两翼各有十三间殿屋向南伸出，四隅各有高大的角亭，辅翼着正殿，犹如凤凰展翅，故又称“五观楼”。

午门有三个门洞，出入有非常严格的规定：当中的正门平时只有皇帝才能出入，皇帝大婚时皇后能经过一次，殿试的状元、榜眼、探花可以从此门走出一次；文武大臣只能进出东侧门，宗室王公只能出入西侧门。午门也是皇帝下诏书、下令出征的地方。每遇宣读皇帝圣旨，颁发年历书，文武百官都要齐集午门前广场听旨。

◎ 午门

穿过午门，就到故宫的外朝了。故宫在使用上以乾清门为界分为南北两部分，乾清门以南至午门的这一区域为外朝，乾清门至神武门的这一区域为内廷。

外朝以太和殿、中和殿、保和殿三大殿为主体，文华殿、武英殿为两翼分列东西，是皇帝举行重大典礼和从事政治活动的殿堂，也是最能彰显皇帝威严的建筑主体。太和殿、中和殿、保和殿分列前中后，居于紫禁城的中轴线上，也即北京城的中轴线上。

太和殿也就是百姓常说的金銮殿，它在故宫内气势最为雄伟、宏大，是皇帝上朝听政、决策的地方，也是皇帝举行重大典礼的地方，如登基、寿辰、大婚等。中和殿居太和殿之北，是皇帝去太和殿举行大典前稍事休息和演习礼仪的地方。保和殿居中和殿之北，是皇帝群宴大臣的

◎ 太和殿

地方。太和殿、保和殿都曾经是皇帝举行殿试的场所，以昭示天下皇帝是野不遗贤、任人唯才的明君。

走在故宫的外朝就会发现，这里一棵树也没有。究其缘由，有人说，太和殿、中和殿、保和殿是皇帝举行盛典的地方，为了突出这组宫殿的威严气势，建筑上采取了许多手法，其一就是在外朝不植树。当人们去朝见天子，穿过端门、午门，走在这一棵树也没有的漫长御道上，心理压力会不断地增强，欲加感到个人的渺小，最后进入太和门，站在宽阔的广场上和高耸在三重台基上的巍峨大殿面前，这种心理压力达到顶点，也就正式确认了自己的卑微和对天子的臣服地位，这正是至高无上的皇帝对自己臣民所要求的。

文华殿在清朝是皇帝举行经筵的殿堂，它后面为文渊阁，原先藏有纪晓岚等人编撰的《四库全书》。武英殿在清初是摄政睿亲王多尔衮议政办公之所；康熙朝年间设为武英殿书局，为文臣纂修之地，康熙朝编纂的《古今图书集成》就是在这里完成的；乾隆帝时派大臣金简在此编印书，金简创制的枣木活字，乾隆帝美其名曰“聚珍”，由于武英殿印刷的书精美绝伦，质量非常高，人们就称其为“武英殿聚珍版程式”，纷纷效仿。

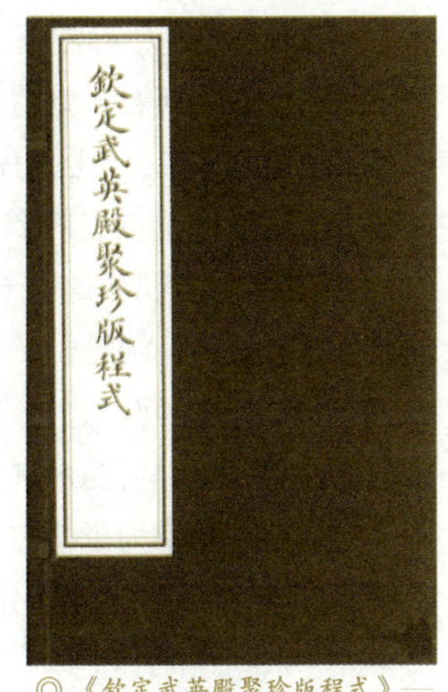

◎《钦定武英殿聚珍版程式》

进入乾清门，就是故宫的内廷了。内廷的乾清宫、交泰殿、坤宁宫也位于中轴线上，两边分别有东六宫和西六宫。这里也就是百姓常说的“三宫六院”，主要是皇帝、皇后、嫔妃和皇子生活的区域。

后三宫的命名源于儒家经典《周易》。《周易》云，“男为乾，女为坤”，所以皇帝居住的地方叫“乾清宫”，皇后居住的地方叫“坤宁宫”；又云“天地交泰”，即指天地相接，就会平安、畅通，于是交泰殿就位于乾清宫和坤宁宫之间。这表达了历代皇帝美好的心愿，希望顺应天地、不违阴阳，进而拥有美满的生活。

乾清宫正中有一个“正大光明”匾，史传自清朝雍正帝后，皇帝的人选都是从这个匾后产生的。康熙帝曾因废立太子而苦恼，身心疲惫，且使皇子、大臣间矛盾重重。雍正帝于是就创立了秘密立储君的方法，也就是皇帝生前把要传于帝位的皇子的名字写于两张纸上，一份随身携带，一份放于匣中放置于“正大光明”匾后。皇帝百年后，大臣就据匾后匣内的名字确立新君。乾清宫的暖阁为皇帝的卧房，其上下两层相互通联，有二十七张床，皇帝可以任择安歇。设这么多床，是因为皇帝怕自己睡着后遭人暗算，这样可以有效防止意外。不过历史证明，这也不是万无一失的方法，明嘉靖帝就在这里差点被宫女暗算。

内廷的西六宫分别为永寿宫、翊坤宫、储秀宫、太极殿、长春宫、咸福宫，西六宫之前是养心殿，是皇帝理政和住居之所；东六宫分别为延禧宫、永和宫、景阳宫、景仁宫、承乾宫、钟粹宫，东六宫之南为奉先殿，是清帝奉祀祖先的殿堂，每月朔（初一）、望（十五），岁时节礼，出征凯旋，册封大典，都遣官至奉先殿告祭。这些都是皇帝嫔妃们居住的地方，基本上是一宫一院，每个院子有正殿、配殿、宫门，有些院子还附有游廊、后殿。慈禧太后就曾住在储秀宫。在内廷的东西两侧，还有一些皇子和太后、太妃居住的宫殿。北出坤宁门，就是皇家御花园。

1987 年，故宫被联合国教科文组织列入《世界遗产名录》，不仅因为它曾经是明清两朝皇帝的居住、决策之所，还因为它是当今完整存世的不多的宫殿建筑群之一。故宫被誉为“世界五大宫殿之首”，与凡尔赛宫、白金汉宫、白宫、克里姆林宫并称为“世界五大宫”。它的建筑包含了中华古老的文化与文明。

故宫整体布局按照《周礼·考工记》所载“前朝后寝，左祖右社”的帝都营建原则建造。布局上采用形体变化、高低起伏的手法，组合成一个整体，既符合封建社会的等级制度，同时又达到左右均衡和形体变化的艺术效果。如外朝是皇帝行使决策权的地方，必须突出皇帝的威严和不可违逆的气势，故而外朝院落场地开阔、御道漫长、建筑物高大宏伟，使人身处其中而自生一种畏惧心理。而内廷则是皇帝及家眷生活的场所，于是庭院相接，建筑紧凑，多了一些深邃而幽静的道路，且建了一些风景优美的花园以供游赏。与外朝相比，少了一份威严，而多了一份生活情趣。这种疏密有致的建设格局，使得故宫更显皇家气派。

故宫的四角各有一角楼，角楼高 27.5 米，顶有三层檐，由六个歇山顶组合而成。三层檐的勾连方法各不相同，檐角层次丰富，共有二十八个翼角，十六个窝角，七十二条脊，二百三十只吻兽。这种多屋脊、多檐角的造型使得故宫的角楼具有了参差错落、绚丽玲珑的美学风格，同时又不失端庄雄伟之势。这在建筑史上是少有的建构样式。

中国建筑的屋顶形式是丰富多彩的，在故宫建筑中，不同形式的屋顶就有十种以上。以三大殿为例，屋顶各不相同。故宫建筑屋顶满铺各色琉璃瓦件，主要建筑以黄色为主，绿色用于皇子居住区的建筑，其他蓝、紫、黑、翠以及孔雀绿、宝石蓝等五色缤纷的琉璃,多用在花园或琉璃壁上。太和殿屋顶当中正脊的两端各有琉璃吻兽,稳重有力地吞住大脊。吻兽造型优美,既是构件又是装饰物。一部分瓦件塑造出龙凤、狮子、海马等立体动物形象,象征吉祥和威严,这些构件在建筑上起着装饰作用。

◎ 保和殿的云龙石雕

外朝的三大殿依次布置在高达八米的三层台基上,每层都为须弥座形式,四周围着汉白玉栏杆。每根望柱上有精美纹饰,下有华美螭首,螭首口内凿孔,起到排水的作用。当大雨滂沱时,千龙吐水,层层跌落,甚是壮观。阳光高照时,千龙之影,黑白交错,宛如图案。保和殿向北的石阶中道上的云龙雕石更是一绝,它长 16.57 米,宽 3.07 米,厚 1.7 米,重约 250 吨。周边是相结卷草,下面是海水江涯,两侧是狮马图案,中间是九条蟠龙在云流中翻腾。这块云龙石雕,其用材之巨,构图之佳,雕凿之精,艺术之美,都称得上是中国石雕艺术的瑰宝。

建筑学家们认为,故宫的设计与建筑,实在是一个无与伦比的杰作,是中国古代建筑艺术的精华。它标志着中国悠久的文化传统,显示着五百多年前匠师们在建筑上的卓越成就。也许正是因为它在建筑史上具有如此重要的地位,今人杨五计在所作的《紫禁城序》中赞美它说:"永乐华宝,列世界遗产之林;古灿盈辉,领紫禁城冠之荣。霞彩峙光,气势伟精,集历代建筑之娇,汇东方堡郡之魂。"

第二节 孔府庞然何所观，衙门模样海同宽——孔府

孔府又称圣府，是孔子后代直系子孙、历代统治者封为“文宣公”或“衍圣公”的官署和私邸。它是我国现存规模最大、建筑最豪华的封建官僚贵族府第，仅次于明、清皇帝宫殿——故宫，人们皆称其为“天下第一家”。

孔府始建于宋仁宗宝元年(1038 年)，后经历代修缮和扩建。现占地二百四十多亩，有厅、堂、楼、轩等各式建筑四百六十三间，为中东西三路、九进式庭院，这种建设格局完全同于皇宫，是中国绝无仅有的一家。

孔府以中路的建筑为主体，九进院门位于南北的一条直线上，如果把九门都打开，可以从孔府大门一直看到孔府的后花园。东、西两路上为辅助性建筑。东路为家庙，是家祠所在地，有报本堂、桃庙、一贯堂、慕思堂、三堂、九如堂、御书楼及酒坊等；西路为学院，为旧时衍圣公读书、学诗学礼、燕居吟咏和会客之所，有红萼轩、忠恕堂、安怀堂等。

不管封建王朝如何更替，孔子一直受到金銮宝殿上的皇帝的推崇，他的子孙都能世袭“文宣公”或“衍圣公”，因而孔府也保留了世界上最为完整、最为庞大的家谱——孔府档案。现存的孔府档案起自明嘉靖十三年(1534 年)，止于 1948 年，按《千字文》中“天地玄黄、宇宙洪荒”的次序编目，内容包含

有袭封、宗族、属员、诉论、租税、祠典、政事、财务、文书等类，是研究我国历代政治、经济、文化的重要文献资料，也是借以立体了解、复原孔氏家族在封建社会存在情形的重要文献资料。

现存的孔府大门始建于明代中叶，坐北朝南。门上悬挂着“圣府”二字，为蓝底金字，令人看到此二字，即知已经到了圣人之门，心中不由生出敬重和肃穆之情。在门两侧的明柱上挂有一副楹联，上联为“兴国咸休安富尊荣公府第”，下联是“同天并老文章道德圣人家”，由清代大才子、大学士纪晓岚手书。

◎ 孔府大门

不过细看此联就会发现，“富”字的上宝盖写成了“冖”，“章”字下的“早”的一竖捅过了上边的“曰”，清代第一大才子当然不会在天之师的大门上写错字，据说这是纪晓岚有意为之，他自有妙意蕴涵其中，“富”字缺少顶上的一点，表示富不封顶；“章”的一竖直捅上去，表示文章冲天，这是先祝愿孔府富贵无边，再誉孔子及历代“衍圣公”文章才气直冲青天。也只有纪大才子，才能想得出这兼具有字之赞与无字之誉的韵味无穷的楹联。

进了孔府大门，穿过大门内的庭院就会发现，面前又出现了一道门，门楣上高悬“圣人之门”四字。它昭示来者，不要认为进了大门就是已入圣门，只有把心中的杂念和私欲抛弃，才能到达“圣人之门”，拜谒圣人。据说“圣人之门”这四个字是明代诗人、吏部尚书、文渊阁大学士李东阳手书的，李东阳也是孔子第六十二代孙、衍圣公孔闻韶的岳父。“圣人之门”平时不开，出入孔府的人都只走左右两边的腋门。

“圣人之门”以北，有一个非常特别的门，说它特殊，是因为它有门但两边却没有连接的墙壁，且此门上覆灰瓦房顶，前后各缀有四个倒垂的木雕贴金花蕾。这种建筑不是一般人家可以有的，如被查知就是大逆不道之罪。孔府之所以建这个门，是因为有明代嘉靖帝的御旨。嘉靖帝曾给孔府御笔书写了“恩赐重光”的匾额，孔府无以安放，就接旨建造了这座门，门楣悬挂嘉靖帝的御书，故而此门称“恩赐重光门”或“重光门”。这个门只有在孔府大典、皇帝临幸、宣读诏旨和举行重大祭孔仪式时，才在放过十三响礼炮后开启，由于它居孔府正中轴线上，所以又叫“塞门”。人们又据它前后悬缀的木雕贴金花蕾，称它为“垂花门”。就是这一座孤立的门，不仅有着众多名称，标志着主人家的社会地位，而且在建筑学上也别具一格，曾引得众多建筑大师前来观摩、欣赏。

◎ 重光门

孔府大堂是衍圣公宣读圣旨、接见官员、申饬家法族规、审理重大案件，以及举行节日和寿辰仪式的地方，位于“重光门”之北。大堂正中的太师椅上铺一张斑斓虎皮，椅前狭长高大的红漆公案上摆着文房四宝、印盒、签筒，上方正中悬挂着“统摄宗姓”匾，上刻清世祖顺治六年（1649 年）谕旨，授权衍圣公“统摄宗姓，督率训励，申饬教规，使各凛守礼度，无玷圣门”，衍圣公因此拥有了孔氏家族中的种种特权。堂内两旁及后部陈列着正一品爵位的仪仗器具，如金瓜、朝天镫、曲枪、雀枪、钩镰枪、更鼓、云牌、龙旗、凤旗、虎旗、伞、扇等，还有一些象征其封爵和特权的红底金字官衔牌，如“袭封衍圣公”等。

在孔府大堂右边偏南的地方有一根状似甘蔗的棍子，被称为“甘蔗棍”，它是用来在孔府大堂惩罚人的。用它打犯错的人，不许受打的人悲号，而且要像吃了甘蔗那样心里感到甜甜的，一边挨打还得一边装着很受用的样子说：“我尝到甜头了，我尝到甜头了。”这使得“甘蔗棍”成了一个特别的刑具。不过这也可以看出圣人的良苦用心——惩罚不是目的，目的是要受罚的人认识到错误并改正。

在孔府大堂后的廊道里有一条红漆长凳。拜谒孔府的人到此感觉有些累，总想坐上休息一下。其实这条凳子是不能坐的。与它有关的故事是这样的：

明代大奸臣严嵩罪行败露后，将要被皇帝治罪。严嵩想到他的孙女嫁给了孔子第六十四代孙孔尚贤，于是就跑到孔府求他向皇帝说情。孔尚贤清楚严嵩的奸诈行为，不想帮他，却不好当面说，于是就让严嵩在这条凳子上干坐着，对他不理不睬，进行冷处理。事后人们都称严嵩坐过的这条凳子为“冷板凳”。既然是有名的“冷板凳”，谁还愿意坐呢？

孔府的三堂之后，就是孔府的内宅院，就像故宫的三大殿之后是内廷一样。在三堂与内宅院之间有一道禁门，平时此门戒备森严，任何外人不得擅自进入。清朝皇帝还特意赐虎尾棍、燕翅镗、金头玉棍三对兵器，交守门人使用，有擅入者则严惩不贷。

在内宅门西的墙上有一个石槽，穿过墙壁连通宅内外。

它是做什么用的呢？原来，外人不许擅自进入内宅，也包括挑水夫等杂役。为了让水进入内宅，挑水夫就在宅外把水倒入墙上的石槽，使水通过石槽流入内宅院，墙内人再接水使用。

内宅院门的照壁上有一个四不像的怪兽，偶蹄、狮尾、龙头、周身挂麟披毛，面目狰狞，抬头张着大口，卷舌露齿。这只怪兽传说是天上的神兽，天生贪得无厌，所以名叫“獇”。虽然它已经吞食了众多金银财宝，却还不满足，还想张开大口把天上的太阳吞食下去。由于它的饕餮无厌，最后坠入大海被淹死了。孔府用这么一个不吉利的动物作照壁，是想借它来提醒孔府内的每一个人都应知足、感恩，不要贪恋财物，否则就会自身不保。

◎ 孔府獇壁

在孔府的内宅院里，一些居室都还保留着原来的样子，如前堂楼中间有一铜制暖炉，为当时取暖的用具；东间的“多宝阁”内，摆设着凤冠、人参、珊瑚、灵芝、玉雕、牙雕等；里套间为孔子七十六代孙、衍圣公孔令贻夫人陶氏的卧室。还有七十七代孙、衍圣公孔德成十四岁时写的“**圣人之心如珠在渊，常人之心如瓢在水**”的条幅，原封不动地挂在壁上。后堂楼是孔子七十七代孙、衍圣公孔德成的住宅，里面还陈列着孔德成结婚时的用品以及当时友人赠送的字画和礼品。

内宅院的最北面是孔府花园，又名铁山园。其实孔府花园里并没有铁山，孔子第七十三代孙、衍圣公孔庆镕在清嘉庆年间重修花园时，移了几块形似山峰的铁矿石到花园西北隅，并称天降神石帮助他修建花园，他自己从此也以“铁山园主人”自称。

花园在初建后经过三次大修。第一次修建时是李东阳主持的，因为李东阳的女儿嫁给了孔子第六十二代孙、衍圣公孔闻韶，做了一品公夫人，所以李东阳就极花心血地营建。第二次是严嵩取代李东阳当权后，严嵩也把自己的孙女嫁给孔子第六十四代孙、衍圣公孔尚贤做了一品公夫人，并帮助衍圣公扩建孔府和整修花园，从各地弄来奇石怪岩、名花奇草，使得孔府花园更为可观。第三次是乾隆帝把女儿嫁到孔府时。经过几次修建后，花园越修越大，占地达十余亩。在花园内有一株近四百年的“五君子柏”，非常奇特——同一个柏树根上长出五棵柏树，这五棵同根的柏树中间又生出一株槐树，因此人们称其为“五柏抱槐”。有诗描绘此奇景曰：“五干同枝叶，凌凌可耐冬。声疑喧虎豹，形欲化虬龙。曲径阴遮暑，高槐翠减浓。天然君子质，合傲岱岩松。”

◎ 五柏抱槐

现在后花园里还有一个画壁，上面画了一条金色的道路，路的一边是树，一边是水，奇怪的是无论参观者站在什么位置，都感觉自己好像是正对着道路的中央。由于这条路是金色的，所以名为“金色大道”。1936 年，创作者采用三维技法作了此画，特殊的创作技法使得此画似乎具有了灵性。

走进孔府，在欣赏古建筑样式的同时，人们会不由得发出“孔府庞然何所观，衙门模样海同宽”的感叹。也许，人们还会想到，原来，文才、道德的光辉是永不会暗淡的。

第三节 春湖落日水拖蓝，天影楼台上下涵
——颐和园

颐和园是我国现存规模最大、保存最完整、最具代表性的皇家园林，有“皇家园林博物馆”之称。它位于北京市西北近郊海淀区，距北京城区十五公里。现占地约二百九十公顷，共有亭、台、楼、阁、廊、榭等不同形式的建筑三千多个，景点建筑物百余座，古树名木一千六百余株。

颐和园的前身清漪园，始建于乾隆十五年(1750 年)，至乾隆二十九年(1764 年)建成，是乾隆建造的一所供自己游乐的御花园。咸丰十年(1860 年)，英法联军进入北京后，清漪园被焚毁。光绪十四年(1888 年)，慈禧太后在清漪园旧址上兴建了供自己消夏游乐的花园，并改名为颐和园。可是好景不长，到光绪二十六年(1900 年)，颐和园又遭“八国联军”的破坏，许多建筑物被烧毁。光绪二十九年(1903 年)，一些被烧毁的建筑物得到修复。后又经过多次修缮，最终使颐和园呈现出今天的面貌。

◎ 颐和园

颐和园所具有的园林文化、建筑文化等都得到了世人的认可,1998年12月,联合国教科文组织将颐和园列入《世界遗产名录》,并评价此园说:“其亭台、长廊、殿堂、庙宇和小桥等人工景观与自然山峦和开阔的湖面相互和谐、艺术地融为一体,堪称中国风景园林设计中的杰作。”

颐和园以昆明湖、万寿山为基址,以杭州西湖风景为蓝本,汲取江南园林的设计手法和意境进行营建,达到了“取之自然而高于自然”的境界。全园以昆明湖的水景为主,水面约占颐和园总面积的四分之三。万寿山则被湖水环绕怀抱,山水相映,熠熠生辉。颐和园中的建筑依山傍水、因势而建,完全达到了自然与人造境的相映成趣、优势互补,宛若一幅画卷。

◎ 慈禧

由于颐和园曾是慈禧太后的常住之地,在她实际掌权的多年间,慈禧太后把颐和园当作了经常接见大臣的政治要地,同时又是她生活的乐园。于是人们就据此把颐和园分为政治活动区、生活居住区和风景游览区三大块。政治活动区以庄重威严的仁寿殿为中心,是慈禧与光绪帝从事内政、外交活动的主要场所。生活区以乐寿堂、玉澜堂、宜芸馆等庭院为中心,是慈禧、光绪及后妃居住的地方。风景游览区是以万寿山和昆明湖为中心形成的游乐区域。

万寿山是燕山余脉,海拔有108.94米,前临昆明湖。万寿山原名“瓮山”,明弘治七年(1494年),孝宗的乳母助圣夫人罗氏在山前建圆静寺。到乾隆十五年(1750 年),乾隆帝为庆祝皇太后六十诞辰,就在圆静寺的旧址上建造了大报恩延寿寺。后来,乾隆帝认为瓮山的名字不雅,遂于乾隆十六年(1751 年)将它改名为万寿山,寓含祝母后长寿之意。同时据万寿山自然形成之势,将开拓昆明湖的土,按造园布局的需要堆放在山的左右,使东西两坡舒缓而对称,构成了颐和园的主体。

万寿山上的建筑群皆依山而筑,前山以八面三层四重檐的佛香阁为中心,组成巨大的主体建筑群。从山脚的"云辉玉宇"牌楼,经排云门、二宫门、排云殿、德辉殿、佛香阁,直至山顶的智慧海,形成了一条层层上升的中轴线。东侧有"转轮藏"和"万寿山昆明湖"石碑。西侧有五方阁和铜铸的宝云阁。后山有宏丽的西藏佛教建筑和屹立于绿树丛中的五彩琉璃多宝塔。山上还有景福阁、重翠亭、写秋轩、画中游等楼台亭阁,登临可俯瞰昆明湖上的景色。

昆明湖中有一道长堤,名为西堤,它自西北逶迤向南,与支堤把湖面划分为三个大小不等的水域。每个水域各有一个湖心岛,成鼎足之势,意寓传说中蓬莱、方丈、瀛洲三座有神仙居住的神山。堤上有六座桥,是模仿杭州西湖的苏堤和"苏堤六桥"而建,使得昆明湖颇具西湖之神韵。明代大才子文徵明在此游玩时,曾作诗《西湖》一首,诗云:

春湖落日水拖蓝,天影楼台上下涵。
十里青山行画里,双飞白鸟似江南。
思家忽动扁舟兴,顾影深怀短绶惭。
不尽平生淹恋意,绿荫深处更停骖。

可见昆明湖神韵营造之巧,竟使得文人们误把京城作杭州。

在昆明湖的廓如亭和南湖岛上，有一座凌波而起的石拱桥。桥长一百五十米，有十七个桥洞，人们名其为“十七孔桥”。十七个桥洞中第九个最大，依次向两端逐渐缩小，对称排列，使得桥身如一张拉开的弓，又如一道虹横贯湖上。当然，十七孔桥之所以建十七个桥洞，也与它出现在皇家花园中有关联。从桥两端数起，到九时刚好就是那个最大的洞。而古代认为九是最大的，是代表皇帝的数字，非常吉利，所以这座桥就拥有了十七个桥洞。桥上的石雕都极其精美，共有神态各异的石狮子五百四十四只，堪与卢沟桥媲美。桥的东边有一尊铜牛，据说是为了镇压水患而建造的，故称为“镇水铜牛”。它以神态生动、栩栩如生、形似真牛而著称于世，背上有乾隆帝撰写的篆体《金牛铭》。

在万寿山之南和昆明湖之间，有一个世界上最长的画廊，于1992年被列入了“吉尼斯世界纪录”，它就是颐和园长廊。它东起邀月门，西至石丈亭，横贯万寿山麓，沿昆明湖北岸东西逶迤，与万寿山主体建筑的纵向轴线相互呼应。长廊共二百七十三间，全长七百二十八米。长廊的中间建有象征春、夏、秋、冬的“留佳”“寄澜”“秋水”“清遥”四座八角重檐亭。东西两段又有短廊伸向湖岸，衔接着对鸥舫和鱼藻轩。长廊的每根枋梁上都有彩绘，内容包括山水风景、花鸟鱼虫、人物典故等，其中的人物画多取材于中国古典文学名著《红楼梦》《西游记》《水浒传》《三国演义》《聊斋志异》《封神演义》。图画共有一万四千余幅，堪称是绘画艺术与文学艺术的完美结合。从远处览望长廊，它宛如一条美丽的丝带，将分布在湖山之间的楼、台、亭、阁、轩、馆、舫、榭有机地连缀为一个整体。

在石丈亭的西边，有个大大的石舫，这是颐和园内著名的水上精品。这个石舫的船体建造于乾隆二十年（1755年），由一整个巨石雕刻而成，全长三十六米。后来清漪园被英法联军焚毁时，此石舫上的舱楼亦不免于难。

◎ 颐和园石舫

现在看到的石舫是慈禧掌权时建造的，据说慈禧为了庆祝自己的五十大寿，就让人重修清漪园，并将园子改名为“颐和园”。虽然当时的国库已经没有银子可供使用，但慈禧太后不管这些，竟然动用了海军军费供自己享乐。当时掌管海军事务的军机大臣，只好借口要在昆明湖操练海军，以掩人耳目来重修清漪园。军机大臣也许是良心未泯，还不敢明目张胆地任意而为，于是在建好的石舫上安装了石炮，以证明是海军所用。可慈禧太后却不干了，说这东西太伤景色，大发雷霆。掌管修园事务的大臣明白她的目的只是供自己享乐，于是就借用西方建筑技术，把石舫上的舱楼改为了西式建筑，并取“海清河晏”之意，命名为“清晏舫”。一座普通的石舫，就这样经历了清朝统治者的奢靡和晚清民族的耻辱。

在万寿山西部的半山腰，有一组设计非常精巧、布局近乎天工的建筑群，它就是“画中游”。画中游由四个主要建筑构成，主阁是最南端的八角重檐，通过盘旋的小廊与东西两侧的“爱山”“借秋”两座小楼相连，它的北端是澄辉阁。整组建筑互不遮挡，相互映衬，由回廊曲径相连，形成高低起伏之势。各阁不仅是观赏之主体，又是别阁观赏之景色，置身其中，恍如置身画中一般，故而名曰“画中游”。此景简直就是诗歌“别人装饰了你的窗户，你装饰了别人的梦”的立体呈现。

万寿山的山脊上有一座八面三层四重檐、高四十一米的楼阁，名曰“佛香阁”。当初乾隆修建清漪园时，原打算在此建一座九层宝塔——延寿塔，可是建到第八层时，乾隆一道圣旨，宣布把已建好的全部拆掉，重新建一座八方阁，即今天看到的“佛香阁”。关于乾隆帝为什么突然改变主意，有人说，乾隆帝建延寿塔，名义上是为母后祝寿，而实际上却是想把“三山五园”的景色连成一体，但建到第八层时，发现与想象不符，于是就把塔拆了。改建以后，景色在整体性上确实有了很大起色，也收到了比较好的效果。佛香阁高大稳重，与前山建筑融为一体，使阁、山、湖相映生辉、和谐成趣，完美地实现了中国园林建设常用的借景手法。

万寿山前山景色迷人，后山的建筑也毫不逊色。后山有一个景色很有人气，那就是“买卖街”。这条街依照苏州的三塘街而建，故又名“苏州街”。它位于后山四大部洲的中轴线上，后溪河的中心部位，长约三百米。据说，这条街人气最旺时，店面多达二百余间，各行生意都能在这里找到身影。之所以在皇家园林中有这么一条买卖街，很明显是为了供深居宫内的皇帝、后妃游玩取乐。

虽然颐和园是皇帝的乐园，但其中一隅，对光绪帝来说如同牢房，这就是“玉澜堂”。玉澜堂西南临昆明湖，是一座三合院式的建筑。正殿玉澜堂坐北朝南，东有霞芬室配殿，西有藕香榭配殿。只有一条与外界相通的路，其他的皆被封死。当年，光绪帝看到清末政治腐朽、经济衰败、外受列强侵略的危急情形，就想通过变法实现富国强兵，力图使大清光兴。但是保守的慈禧太后此时实权在握，不想变法，于是她就在光绪二十四年(1898 年)，发动宫廷政变，杀害了谭嗣同等人，并把光绪皇帝囚禁于玉澜堂。光绪帝有志不得伸，郁郁早亡。走进玉澜堂，也许你还能感觉到光绪帝的郁闷，还会感受到变革的艰辛！

皇家园林颐和园，它借景生景的卓越建筑技法，不仅彰显着中华民族的伟大文明和智慧，还承载着一段历史兴衰的记忆。

第四节 太乙高楼灯似昼，未央前殿月移轮——圆明园

圆明园位于北京西郊海淀区，与颐和园毗邻。由圆明园、长春园、万春园三园组成，面积逾十六万平方米，风景百余处，是经雍正、乾隆、嘉庆、道光、咸丰五位皇帝一百五十多年营建成的一座大型皇家宫苑。

康熙四十六年(1709 年)，康熙帝把位于海淀西北的一座大型花园赐给了自己的四皇子胤禛，并命名为“圆明园”，还亲自为此园题名书匾。胤禛就是后来登上帝位的雍正皇帝。对于圆明园的名字，雍正皇帝有自己独到的认识，他有一篇《圆明园记》，其中这么说道：

“至若嘉名之赐以圆明，意旨深远，殊未易窥。尝稽古籍之言，体认圆明之德。夫圆而入神，君子之时中也；明而普照，达人之睿智也。若举斯义以铭户牖，以勖身心，虔体天意，永怀圣诲，含煦品汇，长养元和，不求自安而期万方之宁谧，不图自逸而冀百族之恬熙。庶几世跻春台，人游乐国，廓鸿基于孔

◎ 雍正像

固，绥福履于方来。”

雍正帝把康熙帝所书的“圆明园”三字作为自己的格言，认为其意蕴深远，不断鞭策自己努力奋进，以期达到“不求自安而期万方之宁谧，不图自逸而冀百族之恬熙”的目标。这也许是雍正帝在做皇子时一直用“圆明”作为自己的佛号的主要原因。

在圆明园正式成为胤禛居所之初，它只不过是康熙帝畅春园北边的一个小花园而已。雍正帝登基后，他就开始了对圆明园的扩建。《圆明园记》中也对扩建后的圆明园做了详细叙述。其云：

“始命所司酌量修葺，亭台邱壑，悉仍旧观。惟建设轩墀，分列朝署，俾侍直诸臣有视事之所。构殿于园之南，御以听政。晨曦初丽，夏晷方长，召对咨询，频移画漏，与诸臣相接见之时为多。园之中或辟田庐，或营蔬圃，平原膴膴，嘉颖穰穰。偶一眺览，则遐思区夏，普祝有秋。至若凭栏观稼，临陌占云，望好雨之知时，冀良苗之应候。则农夫勤瘁，穑事艰难，其景象又恍然在苑囿间也。若乃林光晴霁，池影澄清，净练不波，遥峯入镜，朝晖夕月，映碧涵虚，道妙自生，天怀顿朗。乘机务之少暇，研经史以陶情，拈韵挥毫，用资典学。”

从所述可知，雍正帝对于园中原来的亭台邱壑并没有改动，而是在此基础上，增建了一些行政住所，特别是在圆明园的南部，建造了皇帝听政的殿堂。这样，圆明园也就具有了行政职能。同时，园里还增加了田舍、菜园等，皇帝可以借此感受民情、民时。当时，此园让皇帝心旷神怡的景色，“映碧涵虚，道妙自生，天怀顿朗”，令人流连忘返。并且，园内还藏有大量图书，以助皇帝“研经史以陶情”。可见，经过扩建后的圆明园，功能是非常齐全的。

雍正帝以后，又经过乾隆、嘉庆、道光、咸丰四位皇帝的用心营建，圆明园终于成为一座规模宏伟、景色秀丽的皇帝行宫，同时还汇集了众多的奇珍异宝。

从今天可见的乾隆所作圆明园四十景的诗篇中，就可以感受到乾隆时期的圆明园是多么的美丽，如《麴院风荷》诗，其诗序称：

“西湖麴院，为宋时酒务地，荷花最多，是有麴院风荷之名。兹处红衣印波，长虹摇影，风景相似，故以其名名之。”

其诗云：

“香远风清谁解图，亭亭花底睡双凫。停桡堤畔饶真赏，那数余杭西子湖。”

一句“那数余杭西子湖”，对此园中的一角景色推崇备至，杭州西湖也无法与之媲美。

圆明园内还藏有大量世人难以想象的奇珍异宝。也正是这些让人垂涎的珍宝，为它后来的毁灭埋下了伏笔。法国的大文豪雨果就曾这样评价圆明园：“即使把我国所有博物馆的全部宝物加在一起，也不能同这个规模宏大而富丽堂皇的东方博物馆媲美。”

富丽堂皇的外表，巧夺天工的风景布局，无法想象的珍藏，从外到内，都让这个园林充满着诱惑。它的这种诱惑力，终于在清朝国力不支的窘境中，为其带来被蹂躏、践踏和毁灭的命运。

1860 年 10 月 6 日，英法联军进入北京后直奔圆明园。腐朽的清政府与同是得了软骨症的清军，根本难以保卫这座至高无上的园林。很快，英法军队就闯入了圆明园，在这个外界已传说多时的世界级博物馆里四处抢劫。

能拿走的，他们就拼了命地拿，拿不走的，就极力地破坏、打砸。为了掩饰自己抢劫的恶行，他们还在临走时用一把火将圆明园付之一炬。据当时英国的《泰晤士报》通讯称："据估计，被劫掠和被破坏的财产，总值超过六百万镑"。他们抢劫与毁坏的不仅仅是清政府圆明园的珍宝，还是具有重要文化价值的人类珍宝。

◎ 圆明园遗址

1900 年，由于清政府的无能，圆明园又遭遇了八国联军的洗劫，园里残剩的砖砖瓦瓦又被翻了个遍。抢夺之余，他们还把园内火劫之余零星分散的建筑、木桥的柱子、桩子锯断，用大绳拉倒，园内大小树木也被滥伐殆尽。举世无双的圆明园，就这样成了一片残垣断墙、破瓦断柱。

◎ 圆明园残桥

无论清代文字中的圆明园多么美好，面对那孤立无依、伤痕累累的圆明园大门遗址，我们心中都无法产生美感，而只有气愤与气愤过后的痛思。

新中国成立后,圆明园遗址得到了党和政府的关注,经过精心的修缮与保存,如今的圆明园已经成为一座遗址公园——进行爱国主义教育的基地之一。

在对圆明园进行修缮时,建筑师们巧妙地借用残存的遗址,使圆明园又有了一道道亮丽的风景。

其中的正觉寺,原位于绮春园正宫门之西,与绮春园既有后门相通,又独成格局,单设南门。它是清帝御园圆明园附属的一座佛寺,俗称“喇嘛庙”。此寺建成于乾隆三十八年(1773 年),由山门、天王殿、三圣殿、文殊亭、最上楼、配殿等主要建筑组成,山门外檐有乾隆亲笔题写的“正觉寺”三字。1860 年和 1900 年,外国侵略军两次洗劫圆明园时,由于正觉寺独处绮春园墙外而幸免于难。但后来还是在战争中受到损毁,仅残存有山门、文殊亭和四座配殿及二十六株古树。从 2002 年起,政府开始对正觉寺进行清理、修缮,并于 2003 年顺利完工。

仙人承露台位于凤麟洲湖西岸山凹内。圆明园遭到烧毁时,原来的铜铸雕像丢失。1989 年,我国政府依照原来的样式和大小,用墨玉石雕塑了一座仙人像,置于原来的露台之上。有关承露仙人,还有一个传说。

汉武帝一心想求长生不老,有道士就谎说用天降甘露,拌以其他药物食用,就能长生不死。汉武帝听后信以为真,就下令在西安建章宫修造了一尊托盘承露铜仙人。

原来仙人承露台表达的是人们渴望长生的愿望。

西洋楼景区位于长春园北界,是我国建造的第一座欧式园林,由谐奇趣、黄花阵、养雀笼、方外观、海晏堂、远瀛观、大水法、观水法、线法山、线法画等十余座西式建筑和庭

◎ 圆明园大水法遗址

院组成,占地约七公顷。它由西方传教士意大利人郎世宁(Giuseppe Castiglione,1688~1766年)和法国人蒋友仁(R. Michel. Benoist,1715~1744年)设计监修。这里曾是清代皇帝最引以为豪的景观,其中的大水法,曾令中外很多人为之倾倒。在1860年圆明园罹劫时,由于这些建筑物多以石头为主要建筑材料,它的残垣断壁,虽经百年风雨,至今还醒目地交错堆砌。其中的部分遗址,在清理廓址的基础上,进行了修复,如迷宫黄花阵阵墙、中心街亭等。新筑与残壁相杂,辉煌与颓废相较,游人在此,犹如穿梭于时空两端,那种感觉与闲步于苏州园林中的感受是完全不同的。

含经堂是长春园内最大的园林建筑风景群,主要建筑分三路轴线纵向并列,有大小殿座近三十座。始建于乾隆十年(1745年),是乾隆为颐养天年所建造的。在圆明园遭受劫难时,含经堂受到了严重破坏,基本是荡然无存。从2001年4月起,政府对含经堂遗址进行了系统的考古发掘,蕴真斋、淳化轩、神心妙达、看戏殿、扮戏楼、戏台、澄波夕照、理心斋、梵香楼、仪门、牌楼等规模宏伟的建筑群遗址一一呈现。现依据"可逆、可读、可看"的保护原则,对其实施保护性修缮后,"含经堂"已经成为圆明园的新景点,成为进行爱国主义教育的生动课堂。

圆明园内还有绮春园石残桥、涵秋馆、别有洞天、蓬岛瑶台、圆明园盛时全景沙盘模型、长春园狮子林等景观。不过,无论圆明园的景观如何，游人们看到更多的是历史的陈迹与国家的磨难，园中再也没有了清代朝臣们所盛赞的情景：

银汉星桥不动尘，斜飞火凤入勾陈。
一声雷起地中蛰，万树花开天上春。
太乙高楼灯似昼，未央前殿月移轮。
君王行乐新年盛，先使恩光遍近臣。

第五节 适情处处皆安乐，大抵园林胜市朝——拙政园

拙政园有着“中国园林之母”的美誉，1997 年，被联合国教科文组织列入《世界遗产名录》。

◎ 拙政园

拙政园原为一座无名之园，最初它是唐代大诗人陆龟蒙的私人住宅，在这里，陆龟蒙创作了无数优美的诗篇。到了元代，拙政园成为大弘寺所在。明代嘉靖年间，御史王献臣仕途失意，决心远离官场，归隐苏州，于是他在正德四年(1509 年)将拙政园买下，并聘请明代四大才子之一的文徵明重新设计园林蓝图。经过十六年的营建，终于建成了一座在当时无与媲美的私家园林。

王献臣为了表明自己退隐的意愿与享受闲适生活的渴望，借用西晋文人潘岳在《闲居赋》中的句子："筑室种树，逍遥自得……灌园鬻蔬，以供朝夕之膳……此亦拙者之为政也"，把这个宅子取名为"拙政园"。

可惜，拙政园建成不久，王献臣就去世了。没过多久，他的儿子竟在一夜豪赌中把刚刚建成的拙政园输给了别人。从此以后，拙政园屡屡易主，甚至被一分为三，名称更是几经变更。直到 20 世纪 50 年代，才恢复初名"拙政园"。

如今的拙政园，坐落于苏州市东北街 178 号，全园占地七十八亩，分为东、中、西和住宅四个部分。其住宅是典型的苏州民居建筑，现已经成为园林博物馆展厅所在。

东园面积约三十一亩，原名为"归田园居"。不过，这里并不是王献臣所建。由于王献臣儿子败家，到明代崇祯年间，拙政园已经数易其主，东园早已荒凉、衰败。这时，在朝廷任侍郎的王心一也想到苏州隐居，于是就购买了拙政园东部的荒凉地，并重新建造景观，以平冈远山、松林草坪、竹坞曲水为主，配以山池亭榭，主要有兰雪堂、芙蓉榭、天泉亭、缀云峰等，由于他钦慕陶渊明隐居时那种"采菊东篱下，悠然见南山"的心境，于是就将本园命名为"归园田居"，而没有袭用"拙政"二字。现在此区的景观大多为新建，主要有秋香馆、松林草坪、芙蓉榭、天泉亭等。

◎ 三十六鸳鸯馆

西园原名为"补园"，面积约十三亩，以池水为中心，营建假山、走廊、亭阁。鸳鸯厅是西园中最大的建筑，为方形平面带四耳室样式，厅内以隔扇和挂落划分为南北两部，南部名为“十八曼陀罗花馆”，北部名为“三十六鸳鸯馆”。“三十六鸳鸯馆”是当时园主宴请宾客和听曲的场所。

另一主要建筑是“与谁同坐轩”，它是一座扇形亭，扇面两侧的墙上各有扇形空窗，正对着“倒影楼”和“三十六鸳鸯馆”，后面亦有一窗，正好映入山上的“笠亭”。“笠亭”的顶盖与“同谁同坐轩”相映，恰好组成了一个完整的扇子。“与谁同坐轩”的名字也是有来历的，它源于宋代大诗人苏东坡的诗句：“**与谁同坐，明月，清风，我。**”一睹诗句，就会有一种油然而生的惬意与清新，那是拂去了世间尘嚣与庸俗后的升华。

◎ 与谁同坐轩

另外，西园内还有留听阁、宜两亭、倒影楼、水廊等。

拙政园的中部是彰显其园林特色的所在。中部面积约有十九亩，其中水域就占了近三分之一。它的各个人造景观，依水面的变化而建，形态各异，参差错落，相互映衬。

中部的主建筑是远香堂，它也是拙政园的主建筑。“远香堂”南面有小池和假山，还有小竹林；北面是宽阔的平台，平台连接着荷花池，它亦是中部的主景所在。在荷花池中东西各有一假山，西山上有“雪香云蔚亭”，东山上有“待霜亭”，两山又有溪桥相连接；东面有枇杷园、玲珑馆、嘉实亭、听雨轩、绮亭、梧竹幽居等众多景观，从梧竹幽居向西还能眺望到耸入云霄的北寺塔；西面是幽幽的曲廊，接通了小沧浪廊桥。中部整个布局小巧精致而不显拥挤局促，各个景观争奇斗彩，相映成趣，却又不相互遮蔽，几乎把中国私家园林的精髓皆汇聚于此。

我国第一座园林博物馆，就建立在拙政园原来的住宅区，它分为园原厅、园史厅、园趣厅、园冶厅四个展厅。“园原厅”主要叙述苏州造园之风长盛不衰的原因，“园史厅”则是引导观众穿越时空纵览苏州园林的发展历程，“园趣厅”分别展示了全国乃至世界各地园林的不凡风姿，“园冶厅”通过对苏州园林造园要素和造园艺术的剖析，揭示了苏州园林在世界园苑之林中自成体系的原因。通过这四个展厅的详细介绍，园林所蕴含的更多韵味，将更加弥久地停留于欣赏、品味园林艺术的人们的心中。

如前所述，拙政园的设计者是当时“江南四大才子”之一的文徵明。文徵明与园主王献臣关系甚洽，常徜游于拙政园，往往对景即画，并题诗于上，把拙政园的一个个景观皆移置于纸上，使得今天人们可以借其《文待诏拙政园图》，一睹拙政园当时的胜景。作为大书法家的文徵明，还作有一篇《王氏拙政园记》，后摹刻于石。今天，在倒影楼下的“拜文揖沈斋”中可以一睹其风采。此文用灵动之笔，记曰：

“竹涧之东，江梅百株，花时香雪烂然，望如瑶林玉树，曰瑶圃。圃中有亭，曰嘉实亭，泉曰玉泉。凡为堂一，楼一，为亭六，轩、槛、池、台、坞，涧之属二十有三，总三十有一，名曰拙政园。

“是故高官胜仕，人所慕乐，而祸患攸伏，造物者每消息其中，使君得志一时，而或横罹灾变，其视末杀斯世，而优游馀年，果孰多少哉？君子于此，必有所择矣。”

大才子文徵明移步换景，把拙政园的三十处景观与特色浓缩于此篇中，又借此探讨人生应该如何进行抉择，可谓景美，字美，文美，意蕴亦深。

曾为拙政园主人的明代侍郎王心一，也有一诗描绘他在放眼亭欣赏杏花的情形，其云：

浓枝高下绕亭台，初染胭脂渐次开。
遮映落霞迷涧壑，漫和疏雨点莓苔。
低藏双燕人前舞，密引群蜂花底回。
安得庐山千树子，疗饥换有谷如堆。

从最后两句可以看出，王心一心怀天下，以治天下疾苦为己任。品格高洁的他入主拙政园，使拙政园更加声名远扬。

与王心一相似的，还有柳如是。柳如是原是一个名妓，其地位远远无法与王心一这位政府官员相比。但是她在明朝灭亡后，积极与文人志士从事反清复明的活动，并把自己的所有积蓄捐献出来。她的这种一心为国的品格，与王心一无二，且得到了后世的认可。国学大师陈寅恪专门为其著书立传，以赞美这位女子的不凡气魄和爱国之心。

蒋棨成为拙政园的新主人时，他所拥有的仅是中部的复园。他重新整治，使自己的拙政园彰显出市井中山林之胜的韵味，并在园内藏有大量图书，与爱书人共同阅读、吟诵，清代著名的诗人、学者袁枚、赵翼、钱大昕等都相继来此读书，袁枚还专门写了一组诗送给蒋棨。其中一首诗云："缥带横陈万卷馀，嫏嬛小犬镇相于。人生只合君家住，借得青山又借书。"如此丰盛的藏书，如此幽雅的环境，正是无数读书人所向往的居所，无怪乎袁枚发出"人生只合君家住"的喟叹。

拙政园亭阁上的楹联，也使得这个园子的文化氛围甚浓，如"拙补以勤，问当年学士联吟，月下花前，留得几人诗酒。政余自暇，看此日名公雅集，辽东冀北，蔚成一代文章。"上下联首字巧用"拙""政"二字，且追忆了此园昔日学士、名公雅集的盛景。又如“爽借清风明借月,动观流水静观山”,“燕子来时,细雨满天风满院;阑干倚处,青梅如豆柳如烟”等,也都是巧用前人名句或典故,字里行间散漫出此园的底蕴。

面对如今的拙政园,周瘦鹃在《苏州好·调寄望江南》中写道:“苏州好,拙政好园林。四面荷风三面水,红裳翠盖满池心。炎夏惬幽寻。”蒋吟秋也为之作诗曰:“拙政名园好景多,池塘屈曲漾晴波,远香堂外清如画,四面凉风万柄荷。”

不过,我们在感受这处庭院遗迹时,还要体会唐朝诗人白居易在《谕亲友》中所言,“适情处处皆安乐,大抵园林胜市朝。烦闹荣华犹易过,优闲福禄更难销”。并时刻记着其名曰“拙政园”的喻义,“政”不仅仅指官场中的钻营,也指看似笨拙的自给自足的田间劳作;“安乐”不仅仅是官场上的平步青云,更重要的是人心修炼所获得的境界。拙于政者,退而耕作自给,何尝不是人生至乐。

第三章

神祠遗迹

《论语》曰："子不语怪、力、乱、神。"后人都把孔子尊称为先师、圣人，建造孔庙并祭祀他。之后，印度的佛教传入中国，道教也在中国本土产生了，加之古时中国民间很多人都深信不疑地认为"举头三尺有神明"，"暗室亏心，神目如电"，于是，佛教的石窟、寺庙，道教的宫观，各家的祠堂纷纷出现。

今天，那些颓败的神祠和神像，壁断垣残，香消炉冷，却依然弥漫着威严与震慑的气氛。也许，破败只是表象，真正的精神，早在神祠产生的那天起，就注定永恒地存在于神祠遗迹之中。

因而，无论走到龙门石窟、莫高窟，还是站在乐山大佛的脚下，抑或面对儒学先师的孔庙，我们的心，依然充满崇敬。

第一节 石阙三千一百座，佛光万丈法无边——龙门石窟

龙门石窟位于伊河两岸，距河南洛阳城区约十三公里。这里为香山、龙门山两山对峙之处，伊河从两山间流过，远望犹如天开之门，故有"伊阙"之名。东汉时，傅毅作《反都赋》，其中写道："因龙门以畅化，开伊阙以达聪"，首次用了"龙门"

二字。

不过,龙门石窟中的"龙门"二字,是经过隋炀帝的"金口玉言",才确定下来的。据说隋炀帝欲建都洛阳,登邙山观察地形,南望伊阙,说道:"此非龙门耶?自古何不建都于此?"大臣苏威赶紧奉承道:"自古非不知,以俟陛下。"意思是说,自古以来人们都知道这里风水好,有龙脉,但都不敢妄称此为龙门。从此,"龙门"的名字就广为流传,而很少有人叫它"伊阙"了。

由于天然之势,这里成了洛阳自然景观之首。唐朝大诗人白居易曾说:"洛阳四郊山水之胜,龙门首焉。"从流传下来的诗篇可见,龙门曾是众多文人骚客的雅游之地。

龙门石窟最早开掘于北魏时期,其后各朝不断在此开掘石窟、雕塑佛像,直至北宋。其中,北魏、隋、唐三朝的修建力度最大。龙门石窟现存有大大小小的石窟一千三百多个,窟龛两千三百四十五个,题记和碑刻三千六百余品,佛塔五十余座,佛像九万七千余尊。最大的佛像高达 17.14 米,最小的仅有 2 厘米。在这些洞窟中,北魏洞窟约占百分之三十,唐代占百分之六十,其他朝代仅占百分之十左右。

◎ 龙门石窟

龙门石窟所保存的佛像,无论在佛学史上,还是在雕塑史上、艺术史上,都占有重要地位。它与山西云冈石窟、甘肃敦煌莫高窟并称为"中国三大石刻艺术宝库"。2000 年 11 月,它被联合国教科文组织列入《世界遗产名录》;2007年,被国家旅游局评定为全国首批“5A级旅游景区”;2009年,被中国世界纪录协会收录为中国现存窟龛最多的石窟。

在龙门石窟中,以古阳洞、宾阳洞、奉先寺最具有代表性。

古阳洞是龙门石窟中最早开凿的。公元493年,北魏孝文帝迁都到洛阳。由于他笃信佛教,于是就在这一年开始在龙门西山开凿石窟供奉佛祖释迦牟尼。古阳洞窟顶为莲花藻井,地面呈马蹄形。佛祖释迦牟尼着双领下垂式袈裟,面容清瘦,眼含笑意,安详地端坐在方台上。侍立在佛祖左侧的是手提宝瓶的观音菩萨,右边的是拿摩尼宝珠的大势至菩萨。两位菩萨表情文静,仪态从容。

古阳洞内两壁井然有序地雕凿成三列佛龛,数以百计的佛龛中,有的上面刻着造像题记,记录了当时造像者的姓名、时间、造像原因。也有的佛龛上刻有系列佛教故事,如南壁的释迦多宝并坐佛,在佛教中又称“二佛并坐”,此龛的龛楣上雕刻着一套完整的佛传故事,讲述了悉达多王子成佛的过程。

佛教从印度传入中国后,北魏时官府在龙门石窟大量开洞造像,此时造像的风格、特征已经不同于以前。从此前的粗犷、雄健、挺实,转变为清新、秀丽、瘦俏。佛像的面部表情也由严峻变得比较温和,给人以亲切之感。这在古阳洞的佛像上体现得最为鲜明。

说到古阳洞,就不能不说在金石碑刻艺术中负有盛名的“龙门二十品”。所谓“二十品”,就是二十篇刻于石碑上的造像记文,它主要表达了造像者祈福消灾的愿

◎ 龙门二十品真迹拓片

望。这些石碑的字形端正大方、气势刚健有力，采用的是隶书向楷书过渡中一种比较成熟的独特字体，千百年来为书法家所称道，这就是现在常说的魏碑体。“二十品”的称呼最早见于清代康有为的《广艺舟双楫》和方若的《校碑随笔》。由于其刻石字体具有高超的艺术美，后世书法家必选其进行临摹。

这二十篇刻于石碑上的造像记，其中有十九篇在古阳洞中，另一篇在慈香窑内。古阳洞每年大量游客，其中很多都是想来一睹这一书法奇珍。

“宾阳三洞”为宾阳中洞、南洞、北洞的总称。它开工于公元 500 年，是北魏宣武帝为其父孝文帝做功德而建，历时二十四年建成。515 年，宣武帝崩，年仅七岁的孝明帝即位，实权掌握在太后手中，于是就发生了宫廷政变，原本计划的三洞，仅完成了中洞，南洞与北洞都是到初唐时才完成了主要的佛像，因而三洞的造像风格明显不同。

宾阳中洞为马蹄形平面，高 9.8 米，深和宽均为 11.1 米。洞顶雕刻莲花宝盖和十个迎风飘拂的伎乐供养天人，即俗称的“飞天”。洞中前壁南北两侧，自上而下有四层精美的浮雕。第一层是以《维摩诘经》故事为题材的浮雕，叫作“维摩变”。第二层是两则佛本生故事。第三层为著名的《帝后礼佛图》，反映了宫廷的佛事活动，刻画出佛教徒虔诚、严肃、宁静的心境，代表了当时生活风俗画的最高水平。第四层为“十神王”浮雕像。其中一些浮雕在 20 世纪三四十年代被盗，现部分藏于美国纽约大都会博物馆和

◎ 宾阳中洞

堪萨斯州纳尔逊艺术博物馆。

宾阳中洞是一座三世佛窟，正面是以释迦牟尼佛像为主的五尊雕像。释迦结跏趺坐（为佛教中修禅者的坐法，即两脚交结，脚背挨着左右股上），身着褒衣博带式袈裟，通高8.4米，面部清秀，神情饱满，脖颈细长，体态修长，微露笑意。左手向下屈三指，右手向前仰伸，此手势为佛说法之意，称为"说法印"。本尊座前有两只昂首挺胸、姿态雄健的石狮。胸毛左右分向后披，这是北魏雕刻狮子的特征。左右二弟子——左迦叶、右阿难，二菩萨——左文殊、右普贤侍立。迦叶雕像刻工十分逼真，他满脸皱纹、目不斜视、严谨持重、深谙世故。两菩萨身着披巾、璎珞，含睬若笑，温雅敦厚。中洞南北两壁都有一佛、二菩萨的造像立于覆莲座上。在各造像的后座上，雕饰有众菩萨、弟子闻法浮雕像。这表明北魏时期受《法华经》影响较大，除了信仰释迦、多宝外，还信仰三世佛。

宾阳南洞的洞窟为北魏时期开凿，而洞中主要的佛像是在初唐完成的。唐太宗李世民的第四子魏王李泰为生母长孙皇后做功德，于是就在北魏没有完成的宾阳南洞的基础上，稍加开凿并造像。洞中主佛为阿弥陀佛，面相饱满，双肩宽厚，体态丰腴，体现了唐朝"以胖为美"的风格。

宾阳北洞也完工于唐初。洞中所供主像为高近十米的阿弥陀佛，他结跏趺坐，双手平分指天、地，此手势寓意驱除众生痛苦，令众生无畏无惧，称为"施无畏印"。左右两侧南北浮雕二天王，造型威武，刚强有力。

奉先寺东西深约四十米，南北宽约三十六米。据说它始建于武则天被册立为皇后的永徽六年（655年），完工于上元二年（675年），费时约二十一年左右。在它完工时，武则天亲临主持了开光仪式。

龙门石窟最大的佛像就在这个寺内，它就是卢舍那佛。按佛教说法，佛有三身——法身是佛的本来之身，报身是佛经过长期修行而获得的“佛果”之身，应身是佛为“超度众生”而显现之身。卢舍那佛即所谓报身佛，译名“净惭”。卢舍那佛像高17.14米，其中头部高4米，两耳高1.9米。其面容丰腴典雅、眉若新月、双目含情、慈祥外溢、嘴巴微翘而又含笑不露，双眼稍向下俯视，目光恰好和礼佛朝拜者的仰视目光交汇，显得庄重而文雅、睿智而明朗。从整体来看，卢舍那佛明显具有女性化色彩，迥别于原来佛教中佛为男性的造像。据说这是由于此佛像为武则天捐脂粉钱所建，在塑造时是以武则天为原型的。

奉先寺内另有二弟子、二菩萨、二天王、二力士及两个供养人。迦叶形象严谨持重，阿难形象丰满圆润、眉清目秀。菩萨头戴宝冠、身挂璎珞、肩搭帔帛、下衣长裙有出水之势。天王手托宝塔，显得魁梧刚劲。力士右手叉腰，左手手指并拢，威武雄壮，栩栩如生。从整个布局来看，卢舍那佛在上，众弟子、菩萨等侍立两侧。

对比建造于北魏和唐朝的佛像，可以明显看出两个时代美学风格的不同。北魏造像不再有云冈石窟造像粗犷、威严、雄健的特征，而是生活气息变浓，显得活泼、清秀、温和。北魏的佛像脸部瘦长，双肩瘦削，胸部平直，衣纹的雕刻使用平直刀法，坚劲质朴。这与北魏时期人们崇尚以瘦为美有关。唐代的佛像脸部浑圆，双肩宽厚，胸部隆起，衣纹的雕刻使用圆刀法，自然流畅。这与唐朝以肥胖为美相关。

龙门石窟还有一些很有特色的洞窟，如莲花洞、火烧洞、皇甫公洞、魏字洞、药方洞、潜溪寺、万佛洞等。药方洞因其洞窟内刻有一百四十余古代的药方而得名，这些药方比唐代医学家孙思邈的《备急千金要方》还要早,用来治疗现代的疑难杂症如糖尿病等,其在医学史的地位可谓首屈一指。

宋代大学者邵雍曾在《十九日归洛城路游龙门》写道:“伊川往复过龙山,每过龙山意且闲。”对于龙门壮观的石窟与佛像,唐朝诗人韦应物在《龙门游眺》中也有如下的描述:“精舍绕层阿,千龛邻峭壁。”面对这份珍贵的文化遗产,今人在一首名为《题龙门石窟》的诗中赞曰:“青龙曲隐白云间,伊水蜿蜒绕膝前。石阙三千一百座,佛光万丈法无边。”

人们来到龙门石窟,膜拜过宣讲着前世、今生、来世的释迦大佛,喧嚣、功利的心似乎突然间参透了生命的真谛。于是,千斤巨石从心头滚落,也有了“每过龙山意且闲”的心境。

第二节 身毛九色映祥瑞,修凡五彩照人间 ——莫高窟

莫高窟,漫天飞沙所致的落寞与颓败,不仅没有遮蔽佛的灵光,且幻化作婀娜娇艳的飞势,封存了千年的人类文明进程。

莫高窟位于甘肃省敦煌市境内,其名字的由来,有以下几种说法。

第一种,由于莫高窟修造在鸣沙山东麓的崖壁上,周围是大沙漠,其地形比敦煌绿洲高近百米。而在当时的语言中,沙漠的“漠”与莫高窟的“莫”是通用的,所以在沙漠高处开凿的

石窟便被叫作“漠高窟”,后来又演变成为“莫高窟”。

第二种,由于在古代敦煌,鸣沙山又称为漠高山。于是,这些开在鸣沙山的石窟就被称作“漠高窟”,后来演变为了“莫高窟”。

第三种,由于第一个僧人在此开窟后,他的弟子也相继开凿了石窟,但他们的道行都“莫高于此僧”,也就是难以超过师傅,于是在此地首开的石窟,就叫“莫高窟”,是为了纪念开创首窟之功。

关于莫高窟的形成,有一个美丽而虔诚的传说。

公元366年,各地战乱纷起,人民都生活在生死存亡的边缘,找不到心灵得以慰藉的港湾。这时,佛的灵光,让人们重新找到了生命的希望。人们对佛无比虔诚,当时的乐僔,就是这些人中的一员,他皈依了佛门,虔诚向佛,矢志不渝,要把佛的福音传至众生。

于是,乐僔开始云游四海。一天,他来到甘肃的三危山,又饥又饿,很是疲惫。这时,他抬头向三危山对面的鸣沙山望去,只见鸣沙山的山顶上万佛现身,金光灿烂,令人目眩。他急忙俯身下跪,拜迎佛神。随后,万佛的炫光消失了。乐僔心想,这肯定是佛在向自己昭示什么。他决定,要在鸣沙山上开凿石窟,以供奉佛像。

乐僔四处募捐化缘,请来工匠,在大泉河西岸的峭壁上进行开凿。莫高窟的第一个石窟就这样在这块沙漠圣地上出现了。乐僔在石窟内供奉了佛像,并开始在此招收门徒,向他的弟子和善男信女布施讲道。

在随后的年月里,乐僔的门徒和再传门徒越来越多,“万佛现身”的故事也越传越广。人们追随乐僔,开凿新的石窟,增加供奉的佛像。

莫高窟历经了十六国、北朝、隋、唐、五代、宋、西夏、元等多个朝代，历朝历代的人们不断地增加石窟和佛像，修缮这个万佛现身的地方。最终形成了约有千个石窟，每个石窟内都供奉着佛像的壮观景象。因此，人们又称莫高窟为“千佛洞”。

如今的莫高窟，有北魏至元的洞窟七百三十五个，分为南北两区。南区是莫高窟的主体，为僧侣们从事宗教活动的场所，共有四百八十七个洞窟，每个洞窟均有壁画或塑像。北区共有二百四十八个洞窟，其中只有五个洞窟存有壁画或塑像，其余都是僧侣生活、修行的场所。现在，莫高窟有壁画和塑像的洞窟共计四百九十二个。在这些洞窟中，壁画共计四万五千平方米，泥质彩塑共计两千四百一十五尊。

由于莫高窟是历经多个朝代开凿而形成的洞窟，这无疑会使得各个洞窟体现出的审美特点有所差异。很多人都认为，从洞窟构造及窟内的壁画、雕塑等来看，莫高窟大致可以分为北朝、隋唐、五代和宋、西夏和元四个阶段。

北朝时期的洞窟形制主要有禅窟、中心塔柱窟和殿堂窟三种。窟内壁画的内容有佛像、佛经故事、神怪、供养人、飞天、供养菩萨和千佛，前期多以土红色为底色，再以青绿赤者白等颜色敷彩，色调热烈浓重，线条纯朴浑厚，人物形象挺拔，有西域佛教的特色。西魏以后，底色多为白色，色调趋于雅致，风格洒脱，具有中原的风貌。雕塑最初多为一佛二菩萨组合，后来又加上了二弟子。塑像人物体态健硕，神情端庄宁静，风格朴实厚重。典型洞窟有第二百四十三窟、第二百四十九窟、第二百五十九窟、第二百六十八窟、第二百七十二窟、第二百七十五窟、第二百八十五窟、第四百二十八窟等。

隋唐时期是莫高窟发展的鼎盛期，现存的洞窟中有三百多个开凿于此阶段。在这一阶段，北朝时期的禅窟和中心塔柱窟的形式逐渐消失，同时出现大量的殿堂窟、佛坛窟、四壁三龛窟、大像窟等洞窟形式。就塑像来说，隋代多是一佛、二弟子、二菩萨或四菩萨，唐代多是一佛、二弟子、二菩萨和二天王，有的还再加上二力士。在造像艺术上，更加趋于中原化和真实化。如开凿于唐中期的第七十九洞窟内的胁侍菩萨像，上身裸露，作半跪坐状，头上是唐代平民日常梳妆时常用的合拢的两片螺圆发髻，脸庞、肢体的肌肉圆润，肤色白净，表情温和，如果不考虑塑像眉宇中间的那颗红痣，完全就是当时日常生活中的唐代人的样子。

再如同样开凿于唐中期的第一百五十九窟内的二胁侍菩萨。一位赤裸着上身，仅有一串斜挎的璎珞，右手高高抬起，左手下垂，整个身体似乎以动态呈现——胯部向右扭起，上身略向左倾，而头部再次微向右倾。另外一位则是全身着衣，衣服的色彩艳丽绚烂，衣褶线条流利，层次非常清晰，清晰勾勒出塑像的躯体结构。仔细观看，这两尊菩萨犹如活的一般。

这一时期的壁画题材与前期相比也更加丰富，所绘制的场面宏伟阔大，用色瑰丽绚烂，体现出了大唐时期的大气与豪博，映射出唐代社会的审美特征。

时至五代和宋朝，莫高窟的发展走向了衰微，现存此阶段的洞窟有一百多个，其建筑多是对往代洞窟的改建和重绘。这一阶段的洞窟主要是佛坛窟和殿堂窟，样式明显少于隋唐时期。五代时期改建或重绘的洞窟，还能承续唐代的风格，而愈往后发展，就愈加程式化。此期的典型洞窟是第六十一窟和第九十八窟。其中第六十一窟内，保存了莫高窟最大的壁画——《五台山图》，此壁画高 5 米，长 13.5 米，把山西五台山周边的山川形胜、城池寺院、亭台楼阁等一一逼真绘制出来。

从造像审美上看，此阶段起，开始呈现以瘦为美的风格。

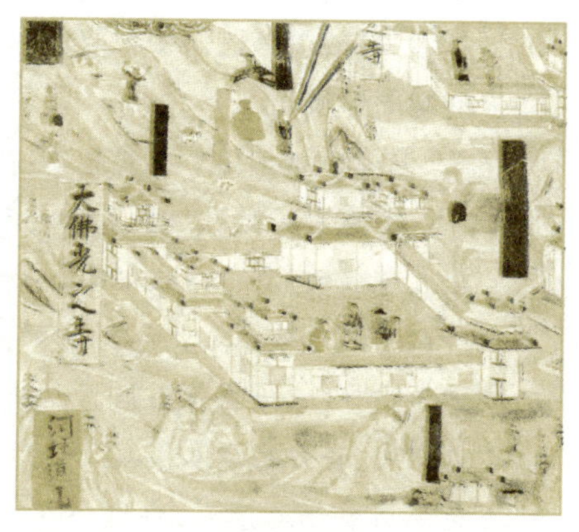

◎ 莫高窟中的“五台山图”壁画（局部）

到了西夏和元代时期，虽然莫高窟的修建没有继续扩大，而是大量改造和修缮前朝洞窟，并少量新建。不过由于受到少数民族风俗与审美的影响，一些西夏中期改造或重绘的洞窟，开始出现了回鹘王的形象，并表现了一些有关回鹘人的故事。而西夏晚期重绘的洞窟，在壁画中则出现了西藏密宗的内容。现存的元代洞窟有八个，都是新开凿的。在这些洞窟中，有了方形窟内设置圆形佛坛的样式，并且洞窟的壁画和塑像基本上都和西藏密宗有关。莫高窟内现存西夏和元代时期洞窟八十五个，比较典型的有第三窟、第六十一窟和第四百六十五窟等。

莫高窟是为宣扬佛教而修，其内当然供奉佛像。这些佛像主要有两种形式：一种是塑像，一种是壁画。

莫高窟的壁画，一般描绘的不是单一的佛像，而是动态的佛教故事。这些壁画，有的反映宗教故事，也有的反映当时一些生产劳动场面与社会生活场景，为研究 4 世纪到 14 世纪的中国古代社会提供了宝贵的资料。莫高窟的壁画也具有很高的艺术价值，其中以盛唐时期的壁画水平最高。因此，很多学者都将敦煌壁画称作是“墙壁上的图书馆”，而莫高窟也堪称中国佛教文化与绘画、雕塑艺术的博物馆。

洞窟内一幅幅丰富多彩的壁画，讲述着一个个生动有趣的故事，如第二百五十七窟中，有一幅壁画讲述的是“九色鹿本生”的故事。这是一个取自佛经的故事,壁画共由八个情节的画面组成。

这幅壁画中的“九色鹿本生”的故事是这样的:

在古印度恒河边生活着一只美丽的鹿,她的皮毛能变换出九种颜色,鹿角洁白如雪。一天,九色鹿在河边散步,突然听到一阵呼救声。九色鹿循声而去,发现有一个落水者正在波涛中挣扎,马上就要被河水淹没了。九色鹿毫不犹豫地跳入水中,奋力将溺水人救上了岸。溺水人名叫调达,他跪在九色鹿面前千恩万谢,感激不尽,表示愿做奴仆,侍奉九色鹿。九色鹿说:“我这里水草丰盛,不用人侍奉;若要报恩,就请你不要把我的行踪告诉别人。”调达对天发誓说:“我要是违背誓言,定会遭报应。”

一天夜里,这个国家的王后做了一个梦,梦见一只美丽无比的九色鹿。第二天清晨,王后对国王说:“我昨晚梦见了一只漂亮的鹿,其毛有九种颜色,其角白如雪。我想用鹿皮做座褥,取其角做拂柄。你赶快派人去捕捉此鹿,我若得不到九色鹿,便会死去。”于是,国王立即派人四处张贴告示,重金悬赏:“谁能找到九色鹿,或报告九色鹿的行踪,将分给他一半国土,赏赐满金碗的银豆和满银碗的金豆。”

曾被九色鹿救起的落水者调达看到了这张告示,受到重赏的诱惑,于是就见利忘义,去王宫向国王告了密,并且带着国王的人马前去捉拿九色鹿。

当时九色鹿正在草丛中睡觉,它的好朋友乌鸦在树枝上远远看见国王率军而来,赶快叫醒九色鹿。九色鹿猛然惊醒,站起来一看,自己已被国王的军队团团包围,无路可逃了。

九色鹿从容地走到国王面前说:“我已成为你的猎物,但请你告诉我,是谁带你们来这里的。”国王指了指身旁的调达,九色鹿明白了。它向国王说道:“贤明的君主啊,我曾对你的国人有恩,为何你却要杀我?”接着,九色鹿向国王讲述了救调达的经过。国王听了九色鹿的诉说,十分惭愧。他斥责了调达忘恩负义的卑鄙行为,并下令全国,从今往后,任何人不准伤害九色鹿。

从此,九色鹿自由自在地生活在这个国家。调达自从告密后就浑身长满了毒疮,并散发出恶臭气,遭人厌恶。那个贪心的王后,听到国王捉到九色鹿又放走的消息后,非常生气,不久就死了。

这个故事告诉人们,不要忘恩负义,也不要贪心过重,否则,都会遭到报应,同时,也赞美了九色鹿不顾生命危险救人而不图回报的无私精神。对于外表与内心一样圣洁的九色鹿,有人用诗句赞美它说:“鹿王本生敦煌壁,灵兽见容异域天。身毛九色映祥瑞,修凡五彩照人间。”

在莫高窟的壁画中,最具代表性的形象,当属飞天。飞天本是佛教中的乾闼婆和紧那罗合二为一幻化而成的。相传,乾闼婆在佛国主管散发香气,为佛献花、供宝,可以栖身于花丛、飞翔于天宫。紧那罗在佛国主管奏乐、歌舞,但不能飞翔于天宫。后来,乾闼婆和紧那罗合体为一,非男非女,于是就变为了传说中的飞天。

◎ 莫高窟壁画中的飞天

壁画中的飞天,在无限

的宇宙中随意飞翔，有的手捧莲蕾，冲云霄飞去，似为天宫送物；有的从空中俯冲飘下，宛若划过天际的仙鹤，似为取物而来；有的是只身飞翔，悠然惬意；有的是多个共舞，似在闲嬉。观赏窟内的处处飞天，无不给人以空灵、超俗、脱凡之感。飞天，几乎成了莫高窟的另一个名字。

莫高窟的洞窟中，有一个具有非常特殊的意义，它就是藏经洞。藏经洞是一个用来储藏佛家经典的洞窟，曾被封存了近千年。自元代之后，藏经洞与莫高窟一起慢慢地被人们遗忘了，但当它再次进入人们的视野，却一下子震惊了整个世界。

清朝末年，在莫高窟这个佛教圣地，当家的却是一位姓王的道士。据说，1900 年的一天，王道士在整理石窟时，无意中打开了一个密室的门，发现密室内藏着大量的经卷。这些经卷上的内容，他都不认识。他没敢动这些东西，而是拿了几卷，向当地政府报告他的发现。

那时的清政府已是岌岌可危，自保尚且不暇。因而，王道士的报告并没有引起当时政府的重视。虽然王道士不断地向上级政府报告，却始终没有结果。后来，甘肃一个叫叶昌炽的官员听说了这件事，他认识到这些东西的无上价值，于是就想把这些东西运往北京保存。但是由于经费的原因，他没有能够如愿。

这时，一些外国人听说了这个消息，于是纷纷来到莫高窟，想拿走一些东西。也许是因为太绝望，也许是因为太贫穷，王道士不断以低廉的价格把一些东西卖给了外国人，其中包括英国的斯坦因，法国的伯希和，日本的吉川小一郎、橘瑞超和俄罗斯的奥尔登堡等人。

这些东西一到国外，就引起了学者的广泛关注与深入研究。直到研究成果影响到中国后，人们才真正发现这些东西的重大价值。于是，中国人也开始对存于国内为数不多的经卷进行研究，慢慢地，对于这些经卷的研究，形成了一门独立的学问——敦煌学。经过中国人知耻而后勇的努力探索，现在的中国敦煌研究，已经走到了世界前列，世界已公认敦煌学在中国。

1987 年，莫高窟被联合国教科文组织列入世界文化遗产保护项目。1991 年，它被授予“世界文化遗产”证书。

如果去莫高窟游览，我们不仅要认真端详历经一千多年的生动塑像和多彩壁画，还要看看那个被王道士发现的已经空空如也的藏经洞，用心灵去感受那经卷易主的无奈。来到莫高窟，相信你不仅会为佛教的博大精深感叹，为中国艺术的精湛倾倒，还会很想为中国遗迹文化的保护贡献点什么。因为，在此，我们的心灵被净化了。

第三节 水势山形朝大佛，南北东西引客游——乐山大佛

岷江、青衣江、大渡河三江合流处，为四川省乐山市东的凌云山。依岷江南岸、凌云山西壁的栖霞峰临江峭壁，凿刻出了与天工争胜的乐山大佛。它是世界上最大的石刻弥勒佛坐像，由于凿刻于凌云山，故又名凌云大佛。

乐山大佛头与山齐，足踏大江，双手抚膝，大佛体态匀称，

神势肃穆。大佛通高 71 米，头高 14.7 米，头宽 10 米，发髻 1021 个，眉长 5.6 米，耳长 7 米，鼻长 5.6 米，嘴巴和眼长 3.3 米，颈高 3 米，肩宽 24 米，手中指长 8.3 米，从膝盖到脚背 28 米，脚背宽 8.5 米。其脚面可围坐百人以上，耳朵中间可并立二人，头顶上可置一圆桌。

据唐代韦皋《嘉州凌云大佛像记》和明代彭汝实《重修凌云寺记》等文献资料记载，开凿乐山大佛的发起人是海通和尚。海通和尚本是贵州人，出家后结茅于凌云山上，并在凌云山上建造了凌云寺。由于岷江、青衣江、大渡河三江汇聚凌云山麓，水势相当凶猛，船只到此常常被掀翻沉至水底，以至舟毁人亡，特别是到夏汛期，这种悲剧更是不断上演。

海通和尚将这一切看在眼里，一心想杜绝此类悲剧的上演。他认为这种恶劣的水势，一定是有妖魔鬼怪在作祟，就立志借凌云山的栖霞峰峭壁，开凿弥勒佛大像，欲借弥勒佛的无边法力，镇压妖魔鬼怪，减杀水势。当然，这是一项巨大的工程，要耗费大量金钱。于是，海通和尚到大江南北、江淮两湖一带募化钱财，为开凿佛像做准备。

募化到一定钱款后，海通和尚就找工人开始开凿佛像。这时，当地的地方官不仅没有积极给予财物支持，反而前来索要贿赂。对此，海通和尚严词拒绝，并说："自目可剜，佛财难得。"地方官不仅没有悔改、羞愧之心，反而说只要海通和尚真能把眼睛剜去，就不要贿赂了。只见海通从容地"自抉其目，捧盘致之"。这样，地方官才作罢。百姓们知道此事后，奔走相告，大家深感海通和尚的诚心，纷纷前来相助。这事发生在唐玄宗开元初年（713 年）。

当大佛像开凿到肩部时，海通和尚圆寂了。随后，这一巨大的工程因缺少了主管人和资金，而被迫停止。十年后，胸怀天下疾苦的好官剑南西川节度使章仇兼琼，为了能够继续完成海通和尚的事业，实现乐山这段水流的化险为安，就把自己大半俸金捐出，用以继续这项工程。有了资金，海通的徒弟就领着工匠继续修造大佛。这时，朝廷也下令赐麻盐税款资助这项工程。

但好景不长，当乐山大佛修到膝盖时，章仇兼琼迁任户部尚书离开了此地，工程再次停了下来。四十年后，韦皋出任剑南西川节度使，他了解了事情的来龙去脉后，也把自己的俸金捐赠出来，继续修建乐山大佛。这样，在唐德宗贞元十九年(803 年)，历经九十年，乐山大佛终于修建完成。韦皋撰写了《嘉州凌云寺大弥勒石像记》，详细载录了开凿大佛的始末，今天，刻有这篇文章的石碑，仍留存在大佛右侧的临江峭壁上。

完工后的大佛坐东向西，其雄伟之势，被人盛赞为“山是一尊佛，佛是一座山”。

巨大的佛像日夜镇守着三江之水，化解险滩急流。不过，如果雨水得不到排泄，淤积于佛像之上，就会加速佛像风化、剥蚀的速度。那么，这一高大的建筑，是如何进行排水的呢？

原来，在建造之初，乐山大佛的两耳和头颅后面，就设计了隐而不见的排水系统，对保护大佛起到了重要的作用。大佛头部共十八层螺髻，第四层、九层、十八层各有一条横向排水沟，分别用锤灰垒砌修饰而成，远望不显。衣领和衣纹皱褶处也有排水沟。正胸有向左侧分解表水沟，与右臂后侧水沟相连。两耳背后靠山崖处，有长 9. 15 米、宽 1. 26 米、高 3. 38 米的左右相通洞穴。胸部背侧两端各有一洞，右洞深 16. 5 米、宽 0. 95 米、高 1. 35 米，左洞深 8. 1 米、宽 0. 95 米、高 1. 1

米，两洞不通。就是这些巧妙而隐蔽的水沟和洞穴，组成了科学的排水、隔湿和通风系统，对保护大佛避免侵蚀性风化，起到了重要的作用。

对于利用大佛像螺髻进行排水的巧妙设计，古人有诗篇记曰："一泉泓然，正在髻下。"王士祯也在《晚渡平羌江步上凌云绝顶》中说："泉从古佛髻中流。"大佛头上共有一千零二十一个螺髻，远望发髻与头部浑然一体，实际上是以石块逐个嵌就。单块螺髻根部裸露处，有明显的拼嵌裂隙，无砂浆粘接。这也正好成为利用螺髻进行排水的优势。

◎ 乐山大佛

与螺髻相似，大佛的耳朵和鼻子也不是由峭壁直接凿刻的。

大佛的右耳耳垂根部内侧，有一深约二十五厘米的窟窿。在对大佛像进行维修时，工人从这个窟窿中掏出许多破碎物，细看却是腐朽了的木泥。原来，大佛高达七米的佛耳，不是原岩凿就，而是用木柱作结构，再抹以锤灰装饰而成，远观却犹如真的岩石凿就。关于这个木制的大佛耳，南宋范成大就曾有过记述，他在《吴船录》中说："极天下佛像之大，两耳犹以木为之。"

同样，在维修时，工人们还发现在大佛鼻孔下端有窟窿，窟窿内有三截木头，成品字形排列，这说明大佛的鼻子也是用木头在下面作衬，外面用锤灰涂饰，观之就好像如石凿出。不过，是唐代大佛凿刻时就如此制作，还是后来维修时用木头粉饰锤灰为之，我们还不得而知。

佛座南北的两壁上，还有唐代石刻造像九十余龛，其中“净土变”龛、“三佛”龛堪称佳品，极具艺术价值。唐代著名诗人司空曙曾有诗云：“百丈金身开翠壁，万龛灯焰隔烟萝。”可见当时在凿刻完大佛像后，还在大佛两侧凿刻了许多佛像与佛龛。现在，大佛两侧还有两尊身高十余米、手持戈戟、身着战袍的护法武士石刻。

在大佛与众佛龛完工后，工匠们曾在大佛像上建造了十三层楼阁，来为佛像遮挡风雨，当时称为“大佛阁”，宋人称其为“天宁阁”。明末战乱时，被张献忠的起义军焚毁。现在从大佛两侧山崖上存留的几十处孔穴可以推断，当时的楼阁是比较雄伟、壮观的。

大佛右侧的石壁上有著名的“九曲栈道”，它是与佛像同时开凿的。栈道最宽处 1.45 米，最窄处 0.6 米，共二百一十七级石阶，沿崖迂回而下，可到大佛脚底，在那里人们可以近距离地仔细欣赏大佛。绕过佛脚是位于大佛左侧的“凌云栈道”，顺着栈道而上，可到达山顶的凌云寺。

凌云寺位于大佛头部的右后方，俗称“大佛寺”，据说是唐代海通和尚所建。不过唐朝建造的凌云寺，早已毁于元顺帝战乱。明代，此寺进行了两次较大修复，明末战乱又被毁。现存凌云寺，重修建于清康熙六年（1667 年）。现在寺门的正中匾，上集苏东坡书“凌云禅院”四字，门联为“大江东去，佛法西来”。此联令人感到佛法的庄严，又说明凌云寺所在，还用藏首的形式将“大佛”隐于其中。寺内有天王殿、大雄殿、藏经楼、海师堂等景观。

凌云寺后的灵宝峰巅有灵宝塔，此塔又名“凌云塔”。灵宝塔建于唐代，呈密檐式四方锥体，塔体由砖砌成。坐东向西，共十三层、三十八米。塔体中空，每层都开有窗眼。内有石阶沿塔轴盘旋至塔顶，塔顶为四角攒尖式。

◎ 巨型睡佛

乐山大佛所在的凌云山背后，有乌尤山、凌云山、龟城山等，而这三座山恰好组成了一个巨型的睡佛，形成了"佛中有佛"的神奇自然景观。佛头由整个乌尤山构成，山上的花草树木、奇石怪崖、亭阁寺庙，呈现为巨佛的发髻、睫毛、鼻梁、双唇和下颚。佛身由凌云山构成，山上九峰相连，犹如巨佛宽广的胸膛、浑圆的腰和健美的腿。脚板翘起的佛足由龟城山的一部分呈现。睡佛的四肢齐全，体态匀称，仰面朝天，安详地漂卧在青衣江山脊线上，整个体态十分逼真、自然、和谐。这个天设睡佛，与人工坐佛，形成了闲适与庄严共生的两极：不知是暗喻人定胜天，还是佛法无边？

1996 年 12 月，乐山大佛与峨眉山一起，被联合国教科文组织列入《世界遗产名录》，并得到了这样的赞誉："乐山大佛堪与世界其他石刻如斯芬克司和尼罗河的帝王谷媲美"。今天的乐山大佛风景区，包括乐山大佛、灵宝塔、凌云禅院、海师洞、九曲一凌云栈道、巨型睡佛、东方佛都、佛国天堂、麻浩崖墓、乌尤山、东坡楼等景观。

"百橹轻摇帆影，三江汇注嘉州。水势山形朝大佛，南北东西引客游。"对乐山大佛，历代诗人总是不禁地赞美和描绘。宋代文人邵博也曾赞美说："天下山水之冠在蜀，蜀之胜曰嘉州，嘉州之胜曰凌云。"凌云山汇聚了全国山水之胜，冠绝天下。那么，位于凌云山西壁的乐山大佛，就堪称这个宝冠上那颗最为耀眼的明珠了。

第四节 世间此帖岂有二，孔庙破石人犹怜
——孔庙

孔庙位于山东省曲阜市区内，与孔府、孔林合称为“三孔”，1994 年 12 月被列入《世界遗产名录》。

据说此庙建于孔子死后的第二年，即公元前 478 年。鲁哀公在孔子去世后，将孔子的故宅改建为庙，用来祭祀孔子。此后历代帝王不断追封孔子，扩建庙宇。清代雍正帝更是下令大修、扩建孔庙。今天的孔庙格局，就是清代雍正帝时修建而成的。

孔庙南北长六百三十米，东西宽一百四十米，占地面积约九万五千平方米，有殿、堂、坛、阁、门坊、亭等各种建筑一百余座、四百六十余间。其内南北走向，分左、中、右三路，共有九进院落。

孔庙前三进院落是引导性庭院，只有一些不太大的门坊，每院内遍植成行的松柏，树冠遮日，浓荫蔽院，使得院内倍显清幽。在高耸挺拔的松柏间有南北走向的甬道，甬道上门坊不断，门坊上的额匾呈现了孔子受到的各种礼赞。第四进与其后的庭院，建筑物增多，且多是黄瓦红墙，雄伟肃穆。

孔庙内的建筑群，无一不寓示着儒学思想在各代的主导地位，无一不显示出孔子在历代受到的礼遇。

在孔庙的前方，是一条两旁植有松柏的漫长的神道。神

道的北端立着高高的城墙，分为中、东、西三洞。在中洞上方，镌有苍劲有力的四个大字——“万仞宫墙”。万仞宫墙原名“仰圣门”，也就是明代曲阜城的正南门。《论语》中有这样的记叙：

“叔孙武叔语大夫于朝曰：‘子贡贤于仲尼。’子服景伯以告子贡。子贡曰：‘譬之宫墙，赐之墙也及肩，窥见室家之好；夫子之墙数仞，不得其门而入，不见宗庙之美。百官之富，得其门者或寡矣。夫子之云，不亦宜乎！’”

子贡在此用数仞来形容孔子的学问之大、之富、之广。明代学者胡缵宗认为数仞宫墙仍不足以形容孔子的学问，于是将“仰圣门”改写为“万仞宫墙”，以表达对孔子的尊敬和赞扬。清乾隆皇帝到曲阜祭孔时，为了表达他对孔子的敬仰之情，他亲笔书写了“万仞宫墙”四字，并把胡缵宗书写的石额换下。我们今天看到的石额，就是乾隆皇帝的御笔。站在这宫墙之下，真是让人有一种“仰之弥高，钻之弥深”的感觉。

◎ 万仞宫墙

万仞宫墙后是金声玉振坊，此坊建于明代嘉靖十七年（1538 年）。坊额“金声玉振”四字为胡缵宗手迹，坊上有平面浅雕云龙戏珠，柱顶各设圆雕“辟邪”一只，俗称“朝天吼”。“金声玉振”，源自《孟子·万章下》：“孔子之谓集大成。集大成也者，金声而玉振之也。金声也者，始条理也，玉振之也者，终条理也。”“金声”原意是指我国古代乐器“钟”发出的声音，“玉振”原意是指我国古代乐器“磬”发出的声音。古代奏乐，以击“钟”为始，击“磬”为终，故“金声玉振”原意为一首完整的乐曲。孟子所言，是将孔子思想比喻为一首完美无缺的乐曲。此坊借孟子之意，寓含孔子思想完美无缺，达到了最高峰的意思。

走过金声玉振坊后的泮水桥，依次会看到棂星门、太和元气坊、至圣庙坊、德侔天地坊、道冠古今坊、圣时门、快睹门、仰高门、弘道门、大中门、同文门、大成门等一系列门坊，每个门坊的题额，都从不同角度赞颂了孔子及其思想。

◎ 棂星门

穿过同文门，就会看到庭院北端有一座高阁拔地而起，它就是以藏书丰富、建筑独特而驰名中外的孔庙藏书楼——奎文阁。在它的顶檐，有一块群龙环绕的木匾，群龙中间书有“奎文阁”三字。此阁始建于宋天禧二年（1018年），当时名为“藏书楼”。金章宗在明昌二年（1191年）对它重修，并更名为“奎文阁”。“奎”本是天上的星宿名，外形“屈曲相钩，似文字之画”，故《孝经》称：“奎主文章”，后奎星演化为文官首。为赞颂孔子学问之富，遂将孔庙藏书楼命名为“奎文阁”。

奎文阁高23.35米，阔30.1米，深17.62米。歇山黄琉璃瓦顶，三重飞檐，四层斗拱。上层斗拱承上檐，中上层斗拱承腰檐，中下层斗拱承平坐，下层斗拱承下檐。内部两层，中夹有暗层，层叠式构架。底层木柱上施斗栱，斗栱上再立上层木柱。外用二十四根八棱石柱，内用二十二根木柱。柱头用额枋相连，上有五踩品字斗拱，斗拱承梁，梁上再安天花。外柱直达腰檐斗拱，内柱承梁。这种建筑结构非常稳固，据说康熙年间的大地震，使曲阜“人间房屋倾者九，存者一”，而奎文阁却毫发无损。

奎文阁的构建样式，是中国建筑中有名的“钩心斗角”式。“心”就是建筑物的中心，“角”是指房屋的檐角。飞檐角伸出来的雕有龙头的最长的木头，一端钩住屋心，另一端与横过来的木头相扣，构成斗角之势。奎文阁与后院的建筑飞檐交错，形成了“钩心斗角”之局，巧妙地化解了建筑物紧密、拥挤的问题。唐朝大诗人杜牧在描述阿房宫时，曾特别提到这种建筑布局，其云：“各抱地势，钩心斗角。”孔庙内的这一建筑亮点，成为孔庙中最值得欣赏、品味的景观之一。

在奎文阁前廊有两块石碑：东刻《奎文阁赋》，系明代著名诗人李东阳撰文，著名书法家乔宗书写；西刻《奎文阁重置书籍记》，记载着明代正德年间皇帝命礼部重修赐书庋藏的情况。阁前有两座御碑亭，亭内外共有四幢明代御碑。每幢高六米多，宽两米多，碑下的龟趺高一米多。碑额精雕盘龙，栩栩如生。露天的“重修孔子庙碑”，为明宪宗朱见深成化四年（1468 年）所立，习称“成化碑”。碑文书体端庄，结构严谨，以精湛的书法著称于世。

此院东西各有一所独立的院落，原为“斋宿”，祭祀孔子前祭祀人员在此戒斋沐浴。清道光年间，孔子七十一代孙孔昭薰将孔庙内宋、金、元、明、清五代文人谒庙碑一百三十余块集中镶嵌在院墙上，并改称“碑院”。

奎文阁后的院落内为十三碑亭，东西排列，南行八座，北行五座，是专为保存封建皇帝御制石碑而建，习称“御碑亭”，共有唐、宋、金、元、明、清、民国所刻的五十五幢石碑。碑文用汉文、蒙古文、满文等文字刻写，内容多是对皇帝亲祭孔庙、派官致祭和整修庙宇的记录。其中最早的是两幢唐碑，一是唐高宗总章元年(668 年)立的“大唐赠泰师鲁先圣孔宣尼碑”，一是唐玄宗开元七年(719 年)立的“鲁孔夫子庙碑”。其中最大的一幢是立于清康熙二十五年(1686 年)的石碑，此碑身约重三十五吨，碑下的赑屃、水盘，约重三十吨。而且，此院的东南、西南各有一簇碑林，是书法艺术、碑刻艺术、历史事件研究的重要石刻资料。

大成门内、大成殿月台之前，就是传说中孔子聚徒讲学的杏坛。有关孔子在杏坛进行教学的记载，最早见于《庄子·渔父篇》，其云：“孔子游乎缁帷之林，休坐乎杏坛之上，弟子读书，孔子弦歌鼓琴”。大意是说，孔子在树木茂盛之地，坐于杏坛上，他的学生都在看书，而孔子则一边弹琴一边唱歌。不过，庄子所说的杏坛具体在什么地方，一直都没有确切的记载。

◎ 杏坛

到宋代天禧二年(1018 年)，孔子的四十五代孙孔道辅监修孔庙，就把原来的大成殿后移，并扩大建筑规模。在大成殿的旧址上，“除地为坛，环植以杏，名曰杏坛”。不过，当时并没有在其上建造亭阁。到了金代，人们认为坛上没有建筑不好，于是就在杏坛上建造了一座歇山顶的小亭，由当时著名文人党怀英篆书“杏坛”匾额。到明代隆庆三年(1570 年)对此亭重修后，它的规模至今未变。

杏坛呈长方形，十字结脊，四面歇山，二重飞檐。黄瓦朱栏，雕梁画栋，彩绘精美华丽。前置有精雕石刻香炉，环坛侧有杏树。其内正面为乾隆皇帝手书的《杏坛赞》,其曰:“忆昔缁帷,诗书授受。与有荣焉,轶桃铄柳。博厚高明,亦曰悠久。万世受治,杏林何有。”乾隆帝不仅高度肯定了孔子对于后世的影响,还为杏坛周围的杏树写了赞美诗,其云:“重来又值灿开时,几树东风簇绛枝。岂是人间凡卉比,文明终古共春熙。”

大成殿是孔庙的主殿,位于杏坛之北,建于双层石栏的台基上。台基高2米余,东西宽约45米,南北深约35米,镌花须弥石座。底层莲花栏柱下石雕螭首,南面正中有两块浮雕龙陛。前连露台,那里是祭祀时歌舞行礼的场所。

◎ 大成殿

大成殿双重飞檐的额匾上,有雍正皇帝御书的“大成殿”三个金色大字。殿高24.8米,阔45.78米,深24.89米。大成殿有28根雕龙石柱。每根柱高5.98米,直径0.81米,底端有重层宝装覆莲柱基。这些石柱原为明弘治十三年(1500年)敕调徽州工匠雕刻而成,但在清雍正年间毁于大火,现在我们所看到的二十八根石柱,为清代所重刻。大成殿两山和后檐共有十八根石柱,每根八棱,每面浅刻九条龙;前檐有十根深雕石柱,每根雕刻两盘绕飞腾之龙,中镌宝珠,四周有云焰。二十八根石柱共一千三百一十六条栩栩如生之龙,显得甚是壮观。

不过,这些龙柱不能轻易被“真龙天子”看到,每次皇帝来孔庙祭祀时,都会用红绫把龙柱包裹起来。

大成殿内正中供奉孔子塑像神龛,神龛前两柱各镌刻有一条降龙。孔子塑像头戴十二旒冠冕,身穿十二章王服,手捧镇圭，塑像坐高3.35米。孔子像前两侧为四配塑像神龛，东面是复圣颜回和述圣孔伋，西面是宗圣曾参和亚圣孟轲。四配外是十二哲神龛，东面的是闵损、冉雍、端木赐、仲由、卜商、有若，西面的是冉耕、宰予、冉求、言偃、颛孙师、朱熹。十二哲中只有朱熹不是孔子的学生。

大成殿东西两侧的房子叫“两庑”，是用来供奉配享孔庙的先贤先儒的地方。从汉代至民国，配享孔庙的一百五十六位贤达都供奉于此。这些配享的人，金代之前为画像，金代开始改为塑像，明成化年间则一律改为木制牌位，外置神龛。现在两庑中陈列着众多历代石刻，最为珍贵的是二十二块“汉魏北朝石刻”。

在两庑北部，陈列有五百八十四块的“玉虹楼石刻”。清乾隆年间，孔子后裔孔继涑收集了历代著名书法家的手迹，并对这些手迹临摹上石，精细镌刻。由于孔继涑的书房名为“玉虹楼”，所以这些石刻就被称为“玉虹楼石刻”，于1951年从玉虹楼移至此处。把这些石刻拓印成册，装裱成一百零一册，称为“玉虹楼法帖”或“百一帖”。这些书帖一直备受书法爱好者青睐，宋代薛绍彭在《秘阁观书》中记述了孔庙收藏的历代石碑：“世间此帖岂有二，孔庙破石人犹怜。”

大成殿后的重檐大殿，是孔庙的“寝殿”，此殿是供奉孔子夫人亓官氏的专祠。亓官氏是孔子的夫人，十九岁与孔子结婚，比孔子早七年去世。亓官氏神龛内为木刻牌位，上书“至圣先师夫人神位”，神龛上雕刻有精美的游龙戏凤图案。

孔庙的第九进庭院内，有以保存记载孔子一生事迹的石刻连环画《圣迹图》而得名的圣迹殿。圣迹殿是明万历二十年(1529年)巡按御史何出光主持修建的。一百二十幅《圣迹图》石刻嵌在殿内壁上，每幅约宽三十八厘米，长六十厘米。

所述圣迹从颜母祷于尼山生孔子起，到孔子死后子弟庐墓为止，附有汉高祖刘邦、宋真宗赵恒以太牢祀孔子二幅。多是以孔子著名的活动和言论为主旨而绘刻成图，是我国第一部有完整人物故事的连环画。遍观一百二十幅图，可以悉知圣人一生的事迹。

在孔庙东路的承圣门之内的五间正殿，是诗礼堂。这是根据孔子和他的儿子孔鲤的一段对话而建的。相传，一天孔子在院庭里看到孔鲤，就问孔鲤读《诗经》了吗？孔鲤说没有。孔子对他训斥了一番。过了几天，又在院庭里遇到孔鲤，就问他读《礼记》了吗？孔鲤又说没有，于是又被训斥了一番。

此事逐渐流传开来，很多人认为这样的“庭训”非常有意义，能够督促人们抓紧时间学习。这事传到孔子第五十三代孙衍圣公孔治时，孔治“作堂私第，名以诗礼，示不忘过庭之教”，于是诗礼堂就这么建立了。乾隆来祭拜孔子时，还为之题写了“则古称先”匾额和“绍绪仰斯文识大识小，趋庭传至教学礼学诗”的楹联。

在诗礼堂后、故井西侧，有一段孑然独立的红色墙壁，墙壁上没有门。千万不要小看这一段墙壁，它曾经为中华文明的传续做出了无与伦比的贡献。据说秦始皇施行暴政要求天下焚书时，孔子的第九代孙孔鲋不想把祖上流传下来的书籍烧掉，又不敢明着与秦始皇作对，于是就把家里的《尚书》《礼》《论语》《孝经》等重要的儒家经典书籍砌于墙壁之内，然后离家出走，到嵩山隐居，至死也没回去。这些书就有幸躲过了一劫。

到汉景帝三年（公元前 154 年），汉景帝的儿子刘馀从淮南迁到曲阜，封为鲁王，史称鲁恭王。鲁恭王喜欢扩建宫殿，在拆除孔子故宅到孔鲋砌书的这段时，忽然听到天上似有金石丝竹之声，有六律五音之美，扒开墙壁就发现了这些经书。由于这些经书都是用先秦时期的蝌蚪文书写的，人们就称之为“孔壁古文”。正是因为这些经书的发现，才使得汉代很多疑而未决的儒学经典问题得到了解决，使得中华文明得到了有效的延续。后人为了纪念孔鲋的这一盛举，就在这段墙壁的故址上修建了“鲁壁”。

◎ 鲁壁

孔庙内有两种鸟：白鹭和乌鸦。孔庙的白鹭只在孔庙内嬉戏、栖息、滑翔，绝不会飞出孔庙的围墙，而且只集中在北至奎文阁、南至玉带河的一些古树上，从不会飞至大成殿上空。孔庙的乌鸦据说是孔子的三千精兵，当年孔子周游列国至宋国时，受到大司马的迫害，就要丧命之际，神兵乌鸦从天而降，击退了大司马的人马。从此，这群乌鸦就时刻不离孔子左右，孔子逝世后，它们就居住在了孔庙，非常有规律地晨出而暮入。这两种奇异的现象，至今无法解释，也成了孔庙的奇观。

“千年礼乐归东鲁，万古衣冠拜素王。”随着儒学思想受到世界各国的重视，用以祭祀孔子的孔庙，也开始遍布世界各地，越南、朝鲜、韩国、日本、马来西亚、新加坡、印度尼西亚、美国、英国等国家和地区，相继修建了两千多座孔子庙。人们在各地的孔庙祭祀孔子，同时也体味着儒学的深邃。

第四章

工事遗迹

在古代,国家的运转离不了三样工事：军事、治水和传递信息。

军事工事的强大与否，直接关乎国家的存亡。在没有飞机和洲际导弹的古代，一堵墙就是伟大的工事，也是强大军事实力的体现。于是，长城出现了。到今天，人类已能对千里之外的事物进行准确的攻击。而长城却成了后人的追忆。

再说治水，当年精心筑起的那些堰，现在依然把水团团围住，令其驯服。如历经千余年的都江堰，已成为遗迹中的传奇。同样不曾改变的，还有洨水上的赵州桥。

古代的信息传递，是靠相连的驿站。三里一站，五里一站，就这样一站站地把信息收集、传递。虽然它曾是那么的有效，但它实在太慢了，慢得跟不上时代的脚步。于是它落伍了，变成了一处处遗址。

那些现在有用的、无用的工事遗迹，依然静静地存在着，诉说着它们承载的历史。

第一节 秦统九州雄百国，城修万里壮千秋——长城

毛主席在《清平乐 · 六盘山》中写道："不到长城非好

汉。”也许正是这句话,引导着更多的人要到长城走一遭,一为观景,二为证明自己是条好汉。

说起长城,翻阅有关的历史记载就会发现:长城的诞生,是伴随着太多的无奈、硝烟、凄凉和家破人亡的。

◎ 长城

战国时期,各国之间战乱不断,你夺我抢,国无宁日,家无安时。地处北方的国家,不仅面临中原诸国的虎眈,还要应对善于奔袭掠夺的强胡的侵扰。这些胡人不断抢劫邻近诸国,使这些国家战无可战,守不胜扰。

也许是受院墙的启发,这些国家纷纷准备在自己与强胡之间建起一座围墙,以保卫自己的财产不受掠夺。长城,就在这样的形势下,开始出现了。

最早修筑城墙的是秦、赵、燕。这是因为,秦国之北,有义渠,再北为匈奴;赵国西北有林胡、楼烦,北有襜褴、匈奴;燕国北界东胡。这些北方少数民族政权,除义渠从事农业外,其他均以游牧、狩猎为生,军事素质高,作战能力强,往往是抢劫后就跑,而秦、赵、燕三国皆没有能力追赶,即使追赶上也往往会被击败。

秦、赵、燕在与强胡接壤处,修建了碉堡、烽火台,一旦发现有胡人出现,就立即报警,严加防御。再后来,他们就把这些碉堡、烽火台连接起来,形成一堵拥有战事功能的墙,也就是最初的长城。

修筑长城的工事非常浩大,而且,这些工事均建在崇山峻岭之上,地势险要,人烟稀少,环境恶劣。军事学明确指出,选择在地势险要处修建工事，意在借地势以达到易守难攻的目的，更好地发挥工事防御外敌的作用。可是，这却给修筑过程带来了巨大的困难。

秦朝在修筑长城时，几乎把全国除士兵以外的壮丁都抓去了，使得秦朝的村村寨寨，多了很多守活寡的怨妇。她们其中有幸留下名字的，就是我们所熟知的孟姜女。

传说，在孟姜女与丈夫的结婚典礼上，她的丈夫范杞梁就被官兵抓去充壮丁修长城了。孟姜女一心等着丈夫归来，可等了十几年依然杳无音信。于是，她独自去边关寻夫，行至长城，才知丈夫早已累死，丈夫的尸骨也被砌在了长城之中。日夜漫长的苦苦煎熬，风餐露宿的旅途辛酸，让这位女子的积怨如洪水般狂泄，她号啕大哭，其行所至，长城纷纷倒塌，以让孟姜女寻找丈夫的尸骸。

不过孟姜女的故事仅是一个传说，她能哭倒长城，犹如《窦娥冤》中所述窦娥能令上天六月飞雪一样，也许仅仅是为了表明人们的抗争与美好祈愿。民间流传的孟姜女的故事，很鲜明地表达了老百姓对修筑长城的痛恨。这一点，从流传下来的大量诗词也能非常明显地感受到，如建安七子之一的陈琳，其《饮马长城窟行》就是典型代表，诗曰：

饮马长城窟，水寒伤马骨。
往谓长城吏，慎莫稽留太原卒。
官作自有程，举筑谐汝声。
男儿宁当格斗死，何能怫郁筑长城。
长城何连连，连连三千里。
边城多健少，内舍多寡妇。
作书与内舍，便嫁莫留住。
善侍新姑嫜，时时念我故夫子。
报书往边地，君今出语一何鄙。
身在祸难中，何为稽留他家子。
生男慎莫举，生女哺用脯。
君独不见长城下，死人骸骨相撑拄。
结发行事君，慊慊心意关。
明知边地苦，贱妾何能久自全。

此作采用对话的形式，把修筑长城给普通家庭带来的伤害和痛苦进行了描写。

当然，并不是每个人都如此认为，特别是统治者，如隋炀帝杨广，他的《饮马长城窟行》诗作，其云：

肃肃秋风起，悠悠行万里。
万里何所行？横漠筑长城。
岂台小子智，先圣之所营。
树兹万世策，安此亿兆生。
讵敢惮焦思，高枕于上京。
北河秉武节，千里卷戎旌。
山川互出没，原野穷超忽。
摐金止行阵，鸣鼓兴士卒。
千乘万骑动，饮马长城窟。

秋昏塞外云，雾暗关山月。
缘严驿马上，乘空烽火发。
借问长城候，单于入朝谒。
浊气静天山，晨光照高阙。
释兵仍振旅，要荒事方举。
饮至告言旋，功归清庙前。

由此诗可以明显看出杨广是非常赞成修筑长城的，并且认为这是"树兹万世策，安此亿兆生"的好政策。可能正是由于统治者这种不同于百姓的视角，长城从春秋战国，一直修至明代。清代没有再继续修建，是由于清朝的统治者本身就是从塞外入主中原的异族，它是不会自摒根基，与起家地断绝的。

无论历代修筑长城是多么的艰辛，令多少男子抛尸野外、喋血荒岭，使多少新娘成了守寡的怨妇，可是现在，长城确实是中华民族的骄傲，也成为中国的代名词之一。

如今的中华子孙，总是对长城赞誉有加，如罗哲文的《长城赞》：

"起春秋，历秦汉，及辽金，至元明，上下两千年。数不清将帅吏卒，黎庶百工，费尽移山心力，修筑此伟大工程。坚强毅力、聪明智慧、血汗辛勤，为中华留下巍峨丰碑。

跨峻岭，穿荒原，横瀚海，经绝壁，纵横十万里。望不断长龙烽堞，雄关隘口，犹如玉带明珠，点缀成江山锦绣。起伏奔腾、飞舞盘旋、太空遥见，给世界增添壮丽奇观。"

此联中，没有对建筑长城的谴责，也没有对秦始皇驱使百姓修筑长城的怨恨。现在的长城，是中华的巍峨丰碑，是世界的壮丽奇观。

长城东起辽宁虎山，西至甘肃嘉峪关，横贯辽宁、河北、河南、山东、湖北、湖南、天津、北京、内蒙古、山西、陕西、宁夏、新疆、甘肃等十七个省、市、自治区，全长约17703.6华里。首尾相距如此之远，且起伏不绝，世界上再没有其他人工建筑能与之媲美。

然而，春秋战国至明代修筑的长城，虽然连绵不断，修缮有加，但多数已经被时间的刻刀削去突起之势，仅留下不起眼的遗址。况且，今天的长城，其历史使命已经转换，不再担当保卫城墙内居民与财物的重任，它的遗存，更多的是为了让人瞻仰，让人回味那曾经的风雨，同时展示中国人民的聪慧、坚韧、勤劳。

当然，观赏长城，不可能从虎山走至嘉峪关，把长城的所有遗址都看个遍。长城，已经被分割成了一段段的景观。今天所遗存比较好的长城墙体，主要是明长城。还有些地方的长城段，拥有着特别的意义，总是吸引人们前往。

八达岭长城是明长城最具代表性的一段，是居庸关的前哨，海拔高度一千零一十五米，地势险要，历来是兵家必争之地，也是明代的军事关隘和首都北京的重要屏障。登上这段长城，居高临下，可尽览崇山峻岭的壮丽景色。许多外国的政要与知名人士来华，总要到此段攀登，以亲睹长城的雄姿。

慕田峪长城位于北京怀柔区境内，西接居庸关，东连古北口。全长两千两百五十米的慕田峪长城有着独特的构筑风格，这里敌楼密集，关隘险要，两侧均有垛口，自古为拱卫京师、皇陵的北方屏障，被称为“危岭雄关”。

司马台长城独具“险、密、奇、巧、全”五大特点，位于北京市密云区东北部的古北口镇境内。东起望京楼，西至后川口，全长五千四百米，敌楼三十五座。整段长城构思精巧，设计奇特，结构新颖，造型各异。著名长城专家罗哲文曾赞美说：“中国长城是世界之最，而司马台长城又堪称中国长城之最。”它也是我国唯一保留明代原貌的古建筑遗址。

箭扣长城在北京怀柔区西北八道河乡境内。由于此地山势非常富于变化，险峰断崖之上的长城也显得更加雄奇险要，随山势而成的长城蜿蜒呈 W 状，形如满弓扣箭，故有“箭扣长城”之名。箭扣长城是北京境内最险峻、雄奇的一段长城，自然风化严重，没有任何人工修饰，自牛犄角边、南大楼、鬼门关、箭扣梁、东西缩脖楼、东西油篓顶、将军守关、天梯、鹰飞倒仰、九眼楼、北京结到望京楼，绵延二十多公里，充分展现了长城的惊、险、奇、特、绝，能让人领略到原汁原味的古老长城景观。

山海关长城位于秦皇岛市的山海关境内，全长二十六公里。山海关长城以其重要的战略位置著称，素有“两京锁钥无双地，万里长城第一关”之称。明朝灭亡，就是因为在此，吴三桂为了一个女人，把清军放了进来。

◎ 山海关

在山海关长城中，有一个重要的部分，那就是老龙头长城。它是万里长城的起点，伸入渤海二十米。此段长城是用石条砌成的，高达十余米，是明代抗击日本的名将戚继光所建。人们在把长城比作巨龙的同时，把这段伸入渤海的起始点称为“老龙头”。

如果说老龙头长城是长城的起点，那嘉峪关长城就是长城这条巨龙的尾巴。它建于明洪武五年（1372 年），是目前保存最完整的一座城关，是河西第一隘口，也是丝绸之路上的重要一站。建造之初的嘉峪关长城城关由内城、外城和城壕组成，现在遗留下来的主要是内城。这段长城是用黄土夯筑而成，外包城砖。站在嘉峪关长城之上远望，塞外风光尽收眼底。

◎ 老龙头长城

齐长城是世界上现存最古老的长城，原长度一千多里。据史载它建于灵公二十七年（公元前555年），这一点，《左传》和《史记正义》上都有非常明确的记载。《左传》载："晋侯伐齐，……齐侯御诸平阴，堑防门而守之。"《史记正义》引《齐记》载："齐宣王乘山岭之上，筑长城，东至海，西至济州，千余里，以备楚。"

登临长城，站在险要高势，对眼前的景色一览无余，人们面对此情此景，总会感到豪气冲天，体会到长城所蕴含的坚韧、顽强与智慧。

"秦统九州雄百国，城修万里壮千秋。一条纽带连天下，牵动嘉宾遍五洲"，长城，屹立中华大地的北方，让人们领略它的巍峨壮丽，感受历史的沧桑巨变。

第二节 伟绩居然神禹下，奇才直接五丁来 ——都江堰

都江堰——“世界水利文化的鼻祖”，位于四川省都江堰市城西，是公元前256年修建、至今仍在使用的大型水利工程，也是世界上年代最久的以无坝引水为特征的水利工程。它曾吸引无数的水利专家前来观摩学习。1872年，德国地理学家李希霍芬（Richthofen，1833～1905年）参观完都江堰，盛赞“都江堰灌溉方法之完善，世界各地无与伦比”。由于其所代表的独特水利文化，都江堰在2000年被列入《世界遗产名录》。

没有修建都江堰之前，都江堰所在的成都平原自然条件比较恶劣，是一个水旱灾害高发之地。在这个平原上，有岷江流经。岷江是长江上游的一大支流，发源于四川与甘肃交界的岷山南麓，流经四川省的松潘县、都江堰市、乐山市，在宜宾市汇入长江。不过它在流经都江堰地区时，已经成为整个成都平原的地上悬江，并且它流经的四川盆地西部也是多雨地区，每当岷江源头与上游多雨水时，岷江水位就会急剧增长，漫过江岸，把

◎ 俯瞰都江堰

成都平原变成一片汪洋。而当岷江水退后，此地又会赤旱千里。这个地区经常出现一整年颗粒无收的状况，民生受到极大威胁。

◎ 李冰父子像

不过，都江堰周边的土地，都是土质肥沃的良田，如果没有岷江水灾的祸患，收成还是非常丰厚的。而且，这里具有重要的战略地位，秦国宰相司马错曾说过："得蜀则得楚，楚亡则天下并矣。"逐渐强大起来的秦国清楚认识到了成都平原的重要性，开始重视岷江给此地带来的水害。

秦昭王在位期间，派上晓天文、下通地理的李冰为蜀郡太守，让他治理岷江水。李冰上任以后，就带领着他的儿子一起勘察岷江在此地的走势，研究治理方案。在汲取前人，特别是大禹治水的经验后，李冰父子确定了以疏为主的治理方案。方案制订后，李冰就带领当地人民，开始了修建都江堰的工程。

根据堵不如疏的治水经验，治理岷江首先就要选择好疏导点，这样既可疏缓岷江主流，又能把部分岷江水分流并留做灌溉农田之用。于是，李冰就带领有经验的农民选勘地点。最终的疏导点选在了岷江旁的玉垒山，他们决定把玉垒山打开一个缺口，使江水分流。李冰采用以火烧岩石的方法，终于把玉垒山挖开了一道宽 20 米，高 40 米，长 80 米的口子。从外形来看，这个缺口酷似瓶口，于是就取名为"宝瓶口"。而开凿玉垒山石而堆积起来的石堆，被称为"离堆"。宝瓶口使岷江主流的水流得到了缓解，不再常常泛滥。而支流的水，也可以用来灌溉田地，确保了正常的农业生产。

不过，凿开的宝瓶口，地势较高，并不能保证岷江水有效地流经瓶口，用以灌溉农田，特别是当岷江水位较低时。于是，李冰父子想把岷江水分为两支：一支顺江而下，另一支则必须流入宝瓶口。接下来他们又开始修建分水堰。分水堰修建成功后，它西边的支流被称为外江，是岷江的主干道；它东边的支流被称为内江，内江的水流经宝瓶口。外江的江道宽、浅，内江的江道窄、深，这样，岷江水流量大时，主要流量就顺外江而泄。水流量小时，也可以流进内江，用来灌溉农田。建造好的分水堰的前端，外形好像一条鱼的头部，人们就称之为“鱼嘴”。

为了确保内江的水量在控制范围之内，较好地起到为岷江分洪和灌溉农田的作用，李冰父子又想到了一个解决方案：在分水堰的后端修建用于分洪的平水槽和溢洪道“飞沙堰”。为了不使岷江水流挟带的沙石大量淤积、堵塞宝瓶口，在溢洪道前修弯道，这样可以使江水在此形成环流，当江水流量过大且水位超过溢洪道时，江水就可以挟带着沙石再次回流入外江。由于溢洪道具有如此功效，就被取名为“飞沙堰”。

“飞沙堰”不是用土或石块堆积起来的，它是采用竹笼装卵石的办法堆筑的，而且它的高度很有讲究，不能太高，也不能太低。太高，达不到预防内江发生洪灾的目的；太低，则难以确保内江的水流量。李冰父子根据勘察的岷江和内江的水位承受量，把“飞沙堰”建造得恰到好处。

另外，为了确保宝瓶口每年正常的水流量，李冰父子又雕刻了石柱人像，竖植于内江水中，以作为观测和控制内江水量的标的。对于流过石柱人像的水流，采用的标准是“枯水不淹足，洪水不过肩”。也就是说，当岷江水流少时，内江水不能淹过石像的脚;当岷江水量大时,内江水也不能漫过石像的肩膀。同时,他们还凿制了石马置于水中,当石马露出水面时,就表明此时可以淘挖内江的水道,把里面沉淤的沙石挖出来。那么该淘挖多深呢? 李冰父子当时也想到了这个问题,他们就在内江底放置了卧铁,以此来作为淘挖的标准。也就是说,淘挖时,如果淘到了卧铁,那就算完成了。

经过李冰父子历时八年的改造,岷江终于由一条桀骜不驯、为害乡里的"恶龙",变成了一条为民造福、惠施多方的"善龙"。

不过,李冰父子修建都江堰时,它并不叫都江堰。最初,因修堰而凿开的玉垒山,那时叫"湔山",而当地的人民又称堰为"堋",这样一来,"湔堋"的称呼就形成了。到三国蜀汉时期,都江堰地区增设都安县,都江堰也就被称作了"都安堰",又叫"金堤"。到唐代,因为人们是用竹笼装石来修堤,而竹装石在当时被称作"楗尾",于是它又被称为"楗尾堰"。直到宋代,人们才把李冰父子所进行的水利工程系统,统称为"都江堰"。《宋史》中载:"永康军岁治都江堰,笼石蛇决江遏水,以灌数郡田。"这一名称比较典型地概括了都江堰的特点,得到大家的认可,于是就一直沿用至今。

人们为了纪念李冰父子为成都平原所做出的巨大贡献,就在岷江右岸的山坡上,建造了"崇德祠"。到了宋代,李冰开始被皇帝敕封为王,于是,这个供奉有李冰父子二人的崇德祠,就被称为"二王庙",庙内除了供奉有父子二人的塑像外,还有治水名言、诗人碑刻等。在 2008 年 5 月的汶川大地震中,二王庙受到了极大的损坏,现正在修复中。

在修建都江堰以前,由于岷江泛滥,人们认为是恶龙在作怪。经过李冰父子治理后,水患消除,人们都说是李冰父子降伏了岷江内的恶龙。于是，人们就在离堆之上，修建了“伏龙观”，表明李冰父子已经把龙降伏。观内奉东汉时所雕刻的李冰石像，还有东汉堰工像、唐代金仙和玉真公主在青城山修道时的遗物——飞龙鼎。在汶川大地震中，此观也受到了损坏。

虽然经过 2008 年 5 月的大地震，都江堰并没有受到破坏，依然具有实用价值，这是令很多人既惊讶又高兴的事。面对这一盛世伟业，无数的文人雅士总是不吝笔墨，大加讴歌。如宋代诗人陆游《离堆伏龙祠观孙太古画英惠王像》云：

岷山导江书禹贡，江流蹴山山为动。
呜呼秦守信豪杰，千年遗迹人犹诵。
决江一支溉数州，至今禾黍连云种。
……
奇勋伟绩旷世无，仁人志士临风恸。
我游故祠九顿首，夜遇神君了非梦。
披云激电从天来，赤手骑鲸不施鞚。

从此诗可见，陆游把治理岷江、修建都江堰的功绩，看得非常伟大。再如清代黄俞《都江堰》云：

岷江遥从天际来，神功凿破古离堆。
恩波浩渺连三楚，惠泽膏流润九垓。
劈斧岩前飞瀑雨，伏龙潭底响轻雷。
筑堤不敢辞劳苦，竹石经营取次裁。

修筑都江堰的艰辛、方法和功用，都以诗的语言一一记述，誉赞之情，洋溢字间。同样，清代山春也在《灌阳竹枝词》中对其大加赞扬：“都江堰水沃西川，人到开时涌岸边。喜看杩槎频撤处，欢声雷动说耕田。”正由于有了都江堰，常年遭受水患的西川，才变成了肥沃的农田，成都平原也才有了“天府之国”的美称。

第三节 水从碧玉环中过，人在苍龙背上行
——赵州桥

河北赵县的洨河上有座赵州桥，它也叫安济桥，被誉为“天下第一桥”。1991年，它被美国土木工程师学会选定为世界第十二处“国际历史土木工程里程碑”，也是我国唯一入选的工事。从此，它与埃及金字塔、巴拿马运河、巴黎埃菲尔铁塔等世界著名遗迹比肩。

赵州桥的不平凡，在河北流传甚广，一首朗朗上口、节奏明快、传遍田野小巷的《小放牛》就是明证：

赵州石桥什么人修？
玉石栏杆什么人留？
什么人骑驴桥上走？
什么人推车轧了一道沟？

赵州石桥鲁班爷修？
玉石栏杆圣人留？
张果老骑驴桥上走？
柴王爷推车轧了一道沟……

从这首歌谣可见，赵州桥是由鲁班修建的，八仙之一张果老倒骑着毛驴在上边经过，柴王爷也推着独轮小车在上边走过。其实，这些并不是真实发生过的，而只是人们在夸赞赵州

桥修建的巧妙，引得神仙都来凑热闹。

《小放牛》歌谣中还包含着下面这个传说：

赵州的洨水经常泛滥，一发大水，河两边的居民就难以过河，可是人们又没有能力在这么宽的洨河上建造可以沟通两岸的桥，大家常年都为这事发愁。鲁班知道这件事情后，就趁夜晚大家都睡着时，一晚上就把桥给建好了，而且是从未有过的全新样式。清晨，人们发现建好的桥后，都非常高兴，敲锣打鼓庆贺，鲁班心里当然也美滋滋的。

张果老听说这件事之后，就想试试鲁班建的桥如何，于是叫上柴王爷柴荣，扮成老者来到了刚修好的桥头。二人问鲁班说："我们两个可以从桥上过吗？"鲁班看是两个瘦瘦的老者，一个骑头毛驴背个褡裢，一个推个独轮车，车上仅有两个布袋，就说："可以，老者请！"张果老褡裢里装着太阳和月亮，柴王爷车上装的是五岳三山，这可是鲁班没有看出来的。

只见两位老者一上桥，桥身就开始震颤，走到中间时，就摇摇欲坠，眼看要倒。这时鲁班赶紧跑到桥身下，用双手托住桥身，才终于让两位老者安全通过。不过经过这么一折腾，桥面上留下了毛驴的蹄印、柴王爷推车一膝着地印、独轮车压出的一道深辙和桥底鲁班双手托撑留下的手掌印。

现在，除了留有手掌印的石块因脱落而不可见外，其他的痕迹都是可以看到的。而且，在赵州桥西仿建的新桥上，也特意制作了驴蹄印、膝印和车辙。

当然，这只是传说。其实，赵州桥并不是鲁班建的，而是由隋朝石匠李春设计完成的。这一点，唐中书令张嘉贞在《安济桥铭》一书中有明确的记载："赵州洨河石桥，隋匠李春之迹也。制造奇特，人不知其所以为。"可见，在唐代，人们还是非常惊异于李春的建造方案的，以至于想不到他如何建造出如此样式的桥。也许正是因为此，人们才想象出了鲁班造桥的传说。

◎ 李春像

在修建赵州桥之前，中国的桥多为单拱半圆形实肩桥。所谓实肩桥，就是只有一个大的流水通道的桥，半圆形拱道的两侧上方至桥面都是填实的，无论河道的水多还是少，都只能从这一个拱道流过。而赵州桥则有了改变，它首次采用了敞肩建筑样式，也就是在主拱道的两侧上方分别修建了两个小的拱道，当洨水涨满河床时，这两边的四个小拱道可以帮助主拱道泄水，这样可以减小水流对桥的冲击，有利于保护桥体。

从表面看，仅仅是在桥体上多留了四个洞，可就是这四个洞，从此改变了中国乃至世界石拱桥建筑的历史。并且，这样还可以减少很多建筑用料，减轻桥体的重量。据专家核算，这四个洞为赵州桥节省石料二十六立方米，减轻重量七百吨。

赵州桥之前的石拱桥，其拱道多为半圆形，形成了桥体中间比两端高出很多的现象，这使得过桥很不方便。当时的主要运输工具是独轮车，如果要推很多东西过桥，就非常艰难。李春在建筑赵州桥时，也考虑到了这一点，他没有把石拱建成半圆形，而是把石拱的跨度增大，跨径达到 37.02 米，这样就可以使桥面基本趋于平直，减小过桥的难度，这也是赵州桥的一大特色。不过从前面说到的传说故事可知，即使如此，柴王爷在推车过桥时，还是非常艰难，以至累得单膝着地。

◎ 赵州桥

另外，赵州桥的石块砌法也与其他桥梁不同。一般的石拱桥的拱洞都是采用横向联式的砌筑法，这样砌出的拱是一个整体，比较结实。但这种拱的建造比较麻烦，一是施工时间长，二是需要在桥的下方搭建大的木架作为支撑，且要等桥全部完工才能拆除木架。而洨河河水的涨落，明显无法给人们留出足够的施工时间，此种砌法也就无法施行了。于是，李春大胆采用了别人都不曾采用的纵向并列式砌筑法，它不需要搭建大木架，而且施工周期短，符合洨水涨落的实际情况。

但是，纵向并列式砌法却有一个致命的缺陷，就是每个拱的石条都是独立的，不能形成一个整体，容易导致桥体两侧向外倒塌。李春认识到这一点之后，又巧妙地找到了有效的解决方法。

他先用九条两端带帽头的铁梁横贯拱背，串连住二十八道拱券，加强横向联系，然后用腰铁卡住相邻的拱石，再在桥的两侧用外头向下延伸五厘米的钩石勾住主拱券，拱券外加护拱石。这样，整个拱券的石条就如一个整体了。同时，李春还把拱券底部建得比拱券顶宽六十厘米，以达到拱券的少量“收分”，防止拱券向外倾斜。正是由于使用了这个处理技巧，才使得赵州桥经受住了历史的考验，历经数次地震、水灾和一千四百余年的风雨，依然坚固如初，起着沟通洨河两岸的作用。

令人惊讶的还不止这些，赵州桥的桥基也有其奇特之处，

就连中国著名的建筑学家梁思成也曾是百思不得其解。他于1933年考察过赵州桥的桥基后,在报告中这样写道:

“为要实测券基,我们在北面券脚下发掘,但在现在河床下约70~80厘米,即发现承在券下平置的石壁。石共五层,共高1.58米,每层较上一层稍出台,下面并无坚实的基础,分明只是防水流冲刷而用的金刚墙,而非承纳桥券全部荷载的基础。因再下30~40厘米即见水,所以除非大规模的发掘,实无法进达我们据学理推测的大座桥基的位置。”

◎ 梁思成

梁思成实地考察后,仍然迷茫,竟然没有发现大桥的桥基,而在主拱券下仅发现用来防止水流冲刷的金刚墙。其实,梁思成所谓的金刚墙,恰好是赵州桥的桥基,只不过它突破了一般的大桥桥基的常规,这正是梁思成先生所掌握的学理中所未曾出现过的。

赵州桥只是在河道上放置了几个石块,而没有坚实的桥基,这也正突出了赵州桥设计者李春的过人之处。李春考察后发现,这里的地层是由河水冲积而成,表面是久经水流冲刷的粗砂层,以下是细石、粗石、细砂和黏土层,是很好的承重结构。于是李春不再修建桥基,而是直接在地表上砌石条为桥台。现在用先进的测试仪测算后发现,这里的地层每平方厘米能够承受4.5~6.6公斤的压力,而赵州桥对地面的压力为每平方厘米5~6公斤,完全符合承受能力。

对于赵州桥民歌中的“仙迹”，现代桥梁专家罗英据工程原理推测，这些痕迹应是行车指标和工程指标。桥面上的车辙表明载重车辆所行的位置，驴蹄印表明次重量的载重物通过的位置，而一般的行人，行在桥的两边。这样是为了有效防止拱券用纵向并列式砌法所造成的固有弊端。至于桥下的手掌印，则表示桥万一产生裂痕，可在手掌印处暂时支撑，以免桥体立刻坍塌，然后再从容维修。可见，赵州桥处处都蕴藏着无限智慧。

赵州桥桥面两侧的石栏上，还雕刻着众多的饰物，如花饰、竹节、兽面等，以及很多造型不同的蛟龙。而长 50.82 米的赵州桥，更是被誉为横卧碧波之上的蛟龙。如宋代赵州刺史杜德源赞曰：“驾石飞梁尽一虹，苍龙惊蛰背磨空。”元代刘百熙赞曰：“水从碧玉环中过，人在苍龙背上行。”二人都把赵州桥看作苍龙卧波，更有甚者，清代张士俊直接称赵州桥是“青龙谪下化长桥，日驾川流谁可摇”。

赵州桥的精巧建筑，更是人们歌咏的对象，如崔恂《石桥咏》曰：“昔有鼋鼍异，今看结构奇。”可见他对赵州桥的结构极为赞赏，还认识到这种结构“代久堤维固，年深砌不隳”。同样，清代的王基宏《安济桥》也曾对其颂曰：“安济石桥日月留，蟠龙踞虎汶河洲。无楹自夺天工巧，有窍能分地景幽。岂是长虹吞皓月，故教半魄隐清流。不言果老多神异，况剩白驴嵌石头。”此诗把赵州桥的传说化于诗内，在对其样貌的歌咏之中，盛赞了它的“自夺天工巧”。

第四节 不须候吏沙头报，驿站悬知是古城 ——古驿站

驿站之于古代社会，如同血脉之于机体。离开了它，古代社会就像一个瘫痪的机器，难以运转。

关于驿站，明代倪谦曾在《句容龙潭新驿记》中云：“驿站之设，所以通朝廷之使命，待四方之宾客，陆给以骑，水济以舟，供其廪饩而便其驰骛者也。是以上德以宣，下情以达，而庶事以济。为治者其可后乎？”清代汤斌也有《谨陈调剂驿困之法以杜耗费以清欵项疏》云：“窃惟驿站之设，所以通命令而速章奏，甚重也。”可见，二人都非常强调驿站的重要作用，特别是其在治理国家中的信息作用。

中国设立驿站并不是从明清才开始的，而是具有非常悠久的历史。据甲骨文研究成果，甲骨文中已出现了“传氏”等字，说明在殷商时期就存在有驿递机构和制度，只不过那时还不称其为“驿站”。春秋战国时称之为“传”，如《左传》载：“公丧戎路，传乘而归。”在南北朝时期，最早出现了“驿站”的说法，如《晋书·孙惠传》载：“每造书檄，越或驿马催之，应命立成。”可见，在晋代，驿站传递信息的功能已经非常强大。

驿站是用来传递信息与提供歇脚等服务的，有着严格的级别限制与使用法则。如驿站的舟船或车马服务，并不是对任何到达驿站的官员都会提供，而需要受到服务的人提供凭

证。如兵部需要驿站提供服务时，就要拿出火牌凭证；官府需要驿站提供服务时，就要拿出勘合凭证；而一般的运送公文和物品需要驿站服务时，就要拿出邮符凭证。当然，如果是六百里加急文书，还需要另外的特别凭证。如杜牧所说的“一骑红尘妃子笑，无人知是荔枝来”，那个骑马运送荔枝的人，就要借助沿路驿站提供马匹的服务，否则的话，从岭南跑到长安，一匹马是绝对无法完成任务的。

随着时代的发展，驿站的历史使命逐渐衰微，又由于其自身没有太多奢华的建筑样式，古驿站也就慢慢地淡出了人们的视野，以至太多的古驿站遗迹无存。

好在，历史是公平的，它还没有完全从记忆中抹去有关驿站的所有痕迹，在一些被人们遗忘的角落里，还蜷缩着几个从繁华大道上落寞于此的驿站。对它们的重提，并不是为了能使驿站重新走进人们的视野并兴盛壮大，而是为了使人们对那段历史，和它所承载的驿站文化有所了解。因为，它也是民族文化的重要组成部分。

榆林堡，位于北京延庆区康庄镇，是北京地区现存最大的古驿站遗址，也是一座重要的军事城堡。它始建于元世祖中统三年，距今已经七百余年。

榆林堡古驿站呈“凸”字形，“凸”字上半部分为北城，下半部分为南城，南北城各建有东西二门，并有城楼和瓮城。在榆林堡的西北角有三十二块半磨盘，这些磨盘原本在城门之上，相传李自成领兵起义时，晚上曾路过榆林堡，看到城门之上有三十二块半磨盘，疑似三十二只猛虎，就没敢进入此堡。

至今，榆林堡驿站内仍然保留着大量明清时期的宅院，在南城西街路边，还有一座保存相对完好的四合院，房屋的屋檐精雕细琢，据说，当年慈禧太后西逃时，曾携光绪帝路经榆林堡，并在驿站歇脚，此四合院就是慈禧太后居住过的地方。慈禧太后在此也没忘施行权力，赐名此堡为“太平堡”。不过现在，榆林堡驿站已是年久失修，残破支离，到处荒草丛生，夕阳残照中，倍显凄凉。

◎ 榆林堡

鸡鸣驿，位于河北省怀来县以西二十余公里的鸡鸣山下，因山而得名，故又名“鸡鸣山驿”。它始建于元代，明永乐十八年（1420 年）在此建造城堡，清乾隆三年（1739 年）全面扩建整修。驿城基本呈正方形，东西长约四百六十七米，北南宽约四百六十三米。城墙是内外青砖包面夯土结构，底宽在七至九米之间，顶宽在四至五米之间，城墙通高约十二米。东西各有一座城门。四面城墙上有四个角台、二十六个墙台，墙台上建有十二座更铺（更铺为夜间值勤兵丁之哨位）。城墙顶部外侧有垛口，垛口间距为 3.5 米，垛墙上有瞭望孔、射击孔和排水孔道。

经乾隆年间重新修建后，城内设有驿丞署、驿仓、把总署、公馆院、马号等建筑，还有戏楼和寺庙等。北墙体中部平台上，建有双层木结构的玉皇阁，南墙体中间平台上，建有寿星楼，也是驿站最高的瞭望台，不过如今这两座城楼已经荡然无存。城垣的东南角台上建有魁星楼。东西城门上各有一座木结构城楼，不过也已经不存在了。现今的城门楼，是八一电影制片厂为拍摄《大决战》外景，仿照古城楼的样式专门制作的。当时的驿城，是集邮驿、军事防御、居住、商业、文教、宗教活动于一体的城市，功能相当完备。

慈禧逃跑时，也曾在此驿站内居住过，现在她所住的建筑，还有遗址可寻。到1913年，北洋军阀政府决定“裁汰驿站，开办邮政”，鸡鸣驿也就慢慢地受到了冷落。不过幸运的是，城内的一些古建筑被完好地保留了下来，如驿城中最早的建筑永宁寺，距今已经八百多年；寺庙内遗留下的明清壁画，色彩依旧，人物栩栩如生。

◎ 鸡鸣驿

鸡鸣驿较好地保留了原来的风貌，反映了明清时期的驿站布局与建筑特色，是迄今为止国内规模最大、功能最全、保存最完好的一座古代驿站，是中国社会邮驿、军事、交通历史变迁的一个缩影和见证。1996年8月，国家邮电部发行了纪念邮票《古代驿站》一套两枚，纪念中国邮政创办一百周年，其中一枚就是鸡鸣驿。不仅如此，由于它的保存完好，还成了很多古装片拍摄明清驿城的首选地，如《血战台儿庄》《大决战》等，都是在此取景的。

孟城驿，位于江苏省高邮市南门外馆驿巷13号，是京杭大运河旁一处重要的水马驿站。始建于明洪武八年（1375年），在明代嘉靖三十六年（1557年）毁于倭火，几成废墟，隆庆二年（1568年）得以重建。1985年，孟城驿被重新发现，是目前保存较好的古代驿站，众多建筑保留着明代的建筑特色。

孟城，是高邮的别称，源于宋代词人秦少游描写高邮“吾乡如覆盂”之言。在高邮设置驿站，有着非常悠久的传统。秦王嬴政二十四年（公元前223年），就在此地筑高台，设置邮亭，从那时起，这里就与“邮”联系在一起，并被命名为高邮。不过随着高邮驿站的老化，到明初基本不能再继续使用了。于是，重视驿站作用的洪武帝决定在此重建驿站，并将此改名为盂城驿。

◎ 盂城驿

进入盂城驿的大门，就可看到皇华厅，又称接官厅，是传宣政令的场所，也是地方官员迎接过往官员和宾客的厅堂。皇华厅后是驻节堂，是驿丞、高邮州官接待各方使节、迎接四方宾客的地方，被专家认定是“原汁原味”的明代盂城驿建筑物。中间两根柁梁上有“年年有余”“吉祥如意”“步步高升”“必定胜利”等木雕。驻节堂往北是一间间又窄又小的驿卒、马夫宿处，往东是邮驿史展览室。展览室的南面是马神庙，其内供奉有“敕封驷马王爷之神位”，庙前有一尊与真马一样大的枣红驿马塑像——马神。由于古代驿站的主要交通工具是马，因而马对于驿站也就显得非常重要，所以古代驿站内大多设有马神庙，以祈求驿站人马平安。

随着人们对驿站价值开始重视，一些驿站的遗址再次走入人们的视野，如位于黑龙江的漠河驿站、位于北京通州的潞河驿站、位于江苏苏州的横塘驿站等。这些遗存的驿站，只是古驿站中很少的一部分。不过无论是遗存主体规模，还是仅残存一角，甚或仅有遗址可寻，都能从点点滴滴中反映出古驿站的特色。

驿站在古代社会中扮演着十分重要的角色，特别是一些赶考的士子和周游的骚客，总会在旅途中借助驿站的庇护。

因而，在众多的诗词文章、奏疏策文中经常论及、歌咏驿站。如唐代诗人元稹有《阳城驿》："商有阳城驿，名同阳道州"，宋代诗人汪仪凤有《题丰城驿》："过尽长亭复短亭，修途随处月同行"，张嵲有《方城驿》："古驿藏幽谷，回环乱峰稠。驿前山特秀，翠气光浮浮。"明代诗人储巏亦有《古城驿》："野水微茫断岸平，几家相对掩柴荆。不须候吏沙头报，驿站悬知是古城。"

面对这些歌咏驿站的诗篇，也许，你的脑海中会浮现出一幕幕富有诗意的驿站画卷，当然，在拂弹去驿站文化的浮尘之后，更多的是要思考它的承续和启示。

第五章
楼阁遗迹

与文人结缘的楼阁，自然声明远播。

唐代文人刘禹锡有一篇童孺皆知的《陋室铭》，文曰：“山不在高，有仙则名。水不在深，有龙则灵。斯是陋室，惟吾德馨。苔痕上阶绿，草色入帘青。谈笑有鸿儒，往来无白丁。可以调素琴，阅金经。无丝竹之乱耳，无案牍之劳形。南阳诸葛庐，西蜀子云亭。孔子云：何陋之有？”

从此文不难看出，只要楼阁的主人品格高了，这楼阁也就不再简陋了，而更有名望了。

品读着《陋室铭》，我们会不由地想起因文章而名闻天下的岳阳楼、黄鹤楼、滕王阁，追溯一下它们的历史就会发现，原来，不仅仅是楼阁的主人可以使楼阁闻名，借助文人之笔，同样可以。当然，如果楼阁也能饱读万卷书，亦会使其名不胫而走，海源阁与铁琴铜剑楼，就是很好的例证。

原来，闻名于世的楼阁，其遗迹不仅仅是遗址，还有饱蕴的文化与故事。

第一节 遍历江山只此楼，名传自古今又修——岳阳楼

范仲淹用他优美的文笔，使岳阳楼鲜活起来，正是这篇

◎ 范仲淹像

《岳阳楼记》,使古往今来的一代代华夏子孙知道了岳阳楼:“庆历四年春,滕子京谪守巴陵郡。越明年,政通人和,百废具兴。乃重修岳阳楼,增其旧制,刻唐贤今人诗赋于其上。属予作文以记之……”

岳阳楼地处宋代的巴陵郡,也就是今天的湖南省岳阳市。相传在东汉末年,孙权的大将鲁肃受命驻守巴陵,此地有着庞大的水面,便于操练水军。于是鲁肃就在洞庭湖训练水军,并在洞庭湖的险要地段建设城镇,使巴陵更加易守难攻。为了掌握水军的训练程度,指挥水军操练,建安二十年(215 年),鲁肃决定在巴陵山上修筑阅军楼。阅军楼临洞庭湖而建,在楼上可以将洞庭全景及湖中一帆一波尽收眼底,军事作用可谓无敌。

鲁肃所建的这座阅军楼,就是岳阳楼的前身。后来,阅军楼在两晋、南北朝时被改称为“巴陵城楼”。到唐朝,就开始起用今名岳阳楼了。有人说,是因为李白的诗篇中用了“岳阳楼”来描述此楼,所以才改称为“岳阳楼”。如李白诗中有言:“拂拭倚天剑,西登岳阳楼。长啸万里风,扫清胸中忧。”(《留别贾舍人至二首》其一)“楼观岳阳尽,川迥洞庭开。雁引愁心去,山衔好月来。”(《与夏十二登岳阳楼》)不知道这是否符合事实。

不过,阅军楼并没能穿越历史长河完好地保存到唐代。唐代时的阅军楼,已经是仅留旧址了。据相关资料载,在唐开元四年,张说被贬到岳州做官,他决定在阅军楼旧址上重建楼阁,并发榜招募天下能工巧匠。

来应募的人当中,从潭州来的李姓青年工匠被选中。据说,张说要他设计一座三层、四角、五梯、六门、飞檐、斗拱的楼阁,这甚为困难。眼看限期已到,李工匠还不能完成设计。正当他一筹莫展时,有位白发老人帮助他完成了设计。后来李工匠才得知,这位老人姓卢,是鲁班的弟子。临走时,他还在完成的岳阳楼旁留下了上刻“鲁班尺”字样的木尺。

当然,这个有关岳阳楼设计的传说,很难考证是否真实。不过,这也正反映了人们对岳阳楼建筑艺术的称赞,认为非有神人相助,凡人是难以完成的。

岳阳楼全楼高达25.35米,平面呈长方形,宽17.2米,进深15.6米,占地251平方米。楼体为纯木三层结构。楼中部以四根直径为50厘米的楠木大柱直贯楼顶,承载楼体的大部分重量。再用十二根廊柱支撑上层,另有三十二根檐柱支撑飞檐。全楼梁、柱、檩、椽全靠榫头衔接,相互咬合,没用一钉一铆。特别是楼的十二个飞檐,呈三层重叠,大有一种凌空飞起之势。还有它最上层的四个飞檐,是与楼顶连为一体的,远望之,犹古代士兵所戴之头盔,这种楼顶的建筑样式也被命名为“盔顶式”,在古代楼阁建筑中,是独一无二的。

◎ 岳阳楼

对于岳阳楼的这种建筑样式,人们归纳为木制、三层、四柱、飞檐、斗拱、盔顶。岳阳楼的三层飞檐是不同的,第一层为凤凰翘首,第二层为龙头翘首,第三层为回纹形如意祥云翘首。岳阳楼一身独具多种风格,其凌空欲飞的楼檐所展现出来的大气、雄放,再加上它所建之地势,以及所临之磅礴湖水,这一切所营造的景象，令历代骚人雅士、文人墨客，流连忘返，诗兴勃发。

不过，从范仲淹的《岳阳楼记》可知，唐代的岳阳楼，在宋代进行了重修。其实，岳阳楼从诞生至今，经历了无数次的重修。我们今天所看到的岳阳楼，是在沿袭清朝光绪六年（1880年）修复的基础上，经1984年重修过的，而且还特意把它的花岗石台基增高了三十厘米，使它看上去金光灿烂，豪华气派。

如今的岳阳楼，不仅以其建筑艺术特色取胜，最重要的还是其所拥有的文化内涵与意蕴。从唐代张说主持修建完毕，就不断地有各路雅士骚人到岳阳楼观光，留下墨宝，如前面所说李白，还有与李白齐名的杜甫，以及刘长卿、元稹、李商隐等，都有墨迹遗存。

岳阳楼内还有很多楹联，特别是一楼有一副比较有意思的对联：

“一楼何奇？杜少陵五言绝唱，范希文两字关情，滕子京百废俱兴，吕纯阳三过必醉。诗耶？儒耶？吏耶？仙耶？前不古人，使我怆然涕下；请君试看：洞庭湖南极潇汀，扬子江北通巫峡，巴陵山西来爽气，岳州城东道岩疆。潴者，流者，峙者，镇者。此中有真意，问谁领会得来。”

这副对联为清代道光年间的进士窦土序所撰、何绍基书写。一副楹联，就把岳阳楼的各种特点概括进去，有着无穷韵味。

在一楼还有一组檀木雕屏《岳阳楼记》，是清代大书法家张照书写后雕刻而成的，这组檀木雕屏被称为“四绝”，即在文章、书法、刻工、木料四个方面皆是绝佳。

二楼也有一组雕屏《岳阳楼记》，不过是赝品。据说，清代有一位姓吴的知县，刚到岳阳上任，就看中了张照书写雕刻而成的檀木屏，于是就找人秘密临摹雕刻。两年后卸任时，他把赝品置于岳阳楼内，而把真品带到了自己的船上，打算一起运走。谁知恶有恶报，吴知县船到湖心，风起波掀，船翻湖中，檀木屏也沉到了水底。檀木屏后被渔民捞得，当地文士吴敏树得知后购得，并把受损的第八屏上的“歌互”和第十二屏上的“东”字，通过细心摹写张照笔迹，进行了补刻。

三楼有毛主席书写雕刻成屏的杜甫的《登岳阳楼》，其诗云：“昔闻洞庭水，今上岳阳楼。吴楚东南坼，乾坤日夜浮。亲朋无一字，老病有孤舟。戎马关山北，凭轩涕泗流。”毛主席的笔势雄健挺拔，笔意奔放豪迈，布局严谨有方，与唐代怀素的狂草极为相似。不过，书写此屏时，把“老病有孤舟”中的“病”写成了“去”，而且前后没有落款。尽管大家都认为这是毛泽东的手迹，却对此二点无以释解。

岳阳楼南侧，有仙梅亭，它是一座六边形的小亭，也是纯木结构，高七米，二层三檐，檐角高翘，显得玲珑雅致。据说明崇祯十二年(1639 年)，陶宗孔主持修建岳阳楼，在楼基沙石中得石一方，拂去上面的泥土后，只见洁白如玉的石板上，一面有一枝枯梅，若隐若现二十四梅萼，纹理苍劲，如仙家所画。时人皆以之为神物，称之“仙梅”，于是就建“仙梅亭”，亭内安置此石。

岳阳楼北侧，有三醉亭。据说八仙之一的吕洞宾曾三次到岳阳神游，且每次都喝得酩酊大醉。因为这个传说，人们在1755 年重修仙梅亭时，在传说中吕洞宾醉酒的地方增修一亭，称之“望仙阁”。在 1987 年重修时，改为今名“三醉亭”。同为纪念吕洞宾，还有吕仙祠，它位于岳阳楼以北一百米处，坐北朝南，其内供奉岳阳楼诗酒神仙吕洞宾金身神像。

在岳阳楼之下，即为岳阳的古城西门——岳阳门。岳阳

◎ 岳阳门

门是水路进出岳阳城的唯一通道，地理位置险要，战时为兵家必争之地。它由巨型条石砌成，城门洞呈拱形，高四米，长四十二米，为清代遗物。其上“岳阳门”三字，为乾隆十二年（1747 年）岳州知府黄凝道所书。

在岳阳楼东北约一百米的小四合院内，有岳阳楼的历代名人蜡像馆。馆内展出了李白、杜甫、白居易、欧阳修、文天祥等名人的四十二尊蜡像，神态各异，栩栩如生，形神兼备。且据不同的主题，分为“八仙过海”“诗人聚会”“巴陵四绝”“鲁肃阅兵”和“主席墨宝”五个展室。

另外，纪念范仲淹和滕子京的“双公祠”、集书写岳阳楼的诗篇刻石的碑廊，以及牌坊、点将台、怀甫亭、五朝楼观、瞻岳门、铁枷、小乔墓等景观，与岳阳楼一起，吸引着八方来客。

观赏岳阳楼，除了有“遍历江山只此楼，名传自古今又修”的仰羡，有“登斯楼也，则有心旷神怡，宠辱皆忘，把酒临风，其喜洋洋者矣”的快乐，亦能体味到“先天下之忧而忧，后天下之乐而乐”的为国为民之苦心。

第二节 昔人已乘黄鹤去，此地空余黄鹤楼
——黄鹤楼

不知是文字成就了黄鹤楼，还是黄鹤楼成就了一首首千古传唱的诗篇。与岳阳楼一样，黄鹤楼声名大噪，也与唐朝的诗篇相关。最著名的当数崔颢的《黄鹤楼》：

昔人已乘黄鹤去，此地空余黄鹤楼。
黄鹤一去不复返，白云千载空悠悠。
晴川历历汉阳树，芳草萋萋鹦鹉洲。
日暮乡关何处是，烟波江上使人愁。

全诗以逝者已逝的伤感起调，往者不可追的低惋承续，这一切，都引发了人们对故乡的怀恋和对人生追索的迷茫。这是思想者和普通人都会遇到的心情，是富贵者和贫贱人都会有的沉思，它唤起了人们心底最敏感的神经，使所有人的心都得以共鸣。所以，读过之后，记住了崔颢，也记住了这座黄鹤楼。

在中国的神话传说中，从来不缺少神仙与仙鹤同在的意境。同样，黄鹤楼的得名，流传最多的，正是这样的神话传说。而且与岳阳楼一样，传说也与吕洞宾有关。

据说，吕洞宾喜爱云游与喝酒。有一天，他到了此地，看到风景优美，甚是高兴，就在此地的一家小酒店内饮酒赏景。一喝就是好几天，醉了就趴在桌上睡觉，醒了就叫酒喝。可是

从没有说要给钱，店主也不向他要钱。就这样又过了几天，吕洞宾感觉店主很是善良，就拿着手中的西瓜皮在店墙上画了一只鹤。很快西瓜皮变成黄色，鹤也就成了黄鹤。

吕洞宾喝酒喝高兴了，就唱起道词，并叫来酒家的小童子一起唱。唱着唱着，奇怪的事情发生了，只见墙上的黄鹤翩翩起舞，从墙上走了下来。这事迅速传遍了乡里，人们争来观睹，酒店的生意也就红火起来，数月间得钱数百万，店主成为当地首富。

高兴的店主想重金感谢吕洞宾，吕洞宾却不要，并说，日后用此钱救济贫苦之人，就是对他的感谢。说完，只见那黄鹤从墙上走下，吕洞宾骑之而去。店主为了纪念、感谢吕洞宾，就在此地建起一座楼。由于他不知道吕洞宾的名字，于是就起名为黄鹤楼。

传说是唯美的，它一边探索着黄鹤楼的名称来源，一边劝告天下人一心为善。其实，据史料记载，黄鹤楼的建造，在三国时期就开始了。

三国时期吴黄武二年(223 年)，孙权出于军事目的，为实现“以武治国而昌”，在形势险要的夏口城，也就是今天的武昌城西南面朝长江处，修筑了瞭望守戍的“军事楼”，这个“军事楼”也就是最早的黄鹤楼。三国鼎立的局面结束后，该楼也就失去了它的军事价值。但由于夏口城地处交通要道，此楼也就成为“游必于是”“宴必于是”的景观了。

特别是到了唐朝，黄鹤楼几乎成了文人雅士的必游之地，而且是游必有作。这里还有一个有关李白的故事。

李白到黄鹤楼游玩时，面临优美景观，非常高兴，不禁诗兴大发，可是正要提笔书写时，发现此楼已经有崔颢的《黄鹤楼》一诗。阅后感觉诗作写得确实好，难以过之，但又不甘心，于是就近乎发脾气地写道："一拳捶碎黄鹤楼，一脚踢翻鹦鹉洲。眼前有景道不得，崔颢题诗在上头。"

◎ 李白像

随着时代不断更替，黄鹤楼也经历着不断的重修。仅明清两朝，就重新修建了七次。清代最后一次修建黄鹤楼是在同治七年(1868 年)，但这次建成的黄鹤楼在光绪十年(1884 年)就被毁坏了。直至清朝灭亡，黄鹤楼再也没有得到重建。

1957 年，修建武汉长江大桥武昌引桥时，黄鹤楼旧址正好在征用范围内，不得已，黄鹤楼的旧址就被征用了。但是，人们并没有忘记它。终于，1981 年 10 月，在距黄鹤楼旧址约一公里的蛇山峰岭上，开始了重建黄鹤楼的工程，主楼以清同治楼为设计蓝本，并进行适当的修改，使其更高大雄伟。经过四年的工期，新的黄鹤楼在 1985 年 6 月落成了。它就是我们今天所观赏的黄鹤楼。

黄鹤楼的主楼融入了一些新的建筑技术与特征，是钢筋混凝土框架的仿木结构，而不是纯木结构。从外观看，黄鹤楼为五层飞檐，攒尖楼顶，顶上覆盖的金色琉璃瓦屋面，使其显得富丽堂皇，通高 51. 4 米的楼身，也使其显得雄伟壮观。它的平面设计为四边套八边形，称为"四面八方"，这种设计，显示出黄鹤楼接纳八方来客的大气。而五层的重叠飞檐，好像是展示着黄鹤楼的凌空飞起之态。也许，它也想如黄鹤一样，飞往神话中的天宫。

与古黄鹤楼相比，重建的黄鹤楼变化还是比较大的。据载，古黄鹤楼"凡三层，计高九丈二尺，加铜顶七尺，共成九九之数。"而新黄鹤楼则是五层，比古黄鹤楼多两层，高出约二十

◎ 黄鹤楼

米。当然，这不是说黄鹤楼没有保留原来的规模，不具有古楼的价值。其实，据史料记载，经过多次重修的黄鹤楼，每次都与前不同。今天重建的黄鹤楼，还是保留了古楼的某些特色。

黄鹤楼内部，层层风格亦不相同。底层为高大宽敞的大厅，外檐柱直径为三十米，正中藻井高达十余米。正面楼壁上，是一幅巨大的“白云黄鹤”陶瓷壁画，两旁立柱上悬挂着长达七米的二十二字楹联：“爽气西来，云雾扫开天地撼；大江东去，波涛洗净古今愁。”

二楼大厅正面墙上，是用大理石镌刻的唐代阎伯理撰写的《黄鹤楼记》，记述了黄鹤楼的兴废沿革和名人轶事。两侧为两幅壁画：一幅是《孙权筑城》，形象地说明黄鹤楼和武昌城相继诞生的历史；另一幅是《周瑜设宴》，反映三国名人在黄鹤楼的活动。

三楼大厅的壁画为唐宋名人的“绣像画”，如崔颢、李白、白居易、陆游等，配有他们吟咏黄鹤楼的名句。并设夹层回廊，陈列有关诗词书画。

四楼大厅用屏风分割几个小厅，内置当代名人字画。且二、三、四层周围都有回廊，可供站立远望。

五层是瞭望厅，在此可以欣赏到黄鹤楼四周的景色，也可以尽情享受长江水面给人带来的愉悦。在五层大厅，有《长江万里图》等长卷、壁画。

黄鹤楼重建后，还修建了一些附属性的建筑景观，与黄鹤楼主楼相映生辉，同时得主楼衬托得更加壮丽、雄伟、浑厚。在这些辅助性的建筑中，主要有以下几处景观。

黄鹤楼南楼，旧时有白云楼、安远楼、瑰月楼、楚观楼等名称，与黄鹤楼、头陀寺、北榭并称为古时蛇山“四大楼台”。此楼位于黄鹤楼东南185米处，背山面南，二层，歇山式顶，重檐飞角。此楼是1985年重建的，为钢筋水泥仿砖木结构。楼前有一棵百年古树，给南楼平添古朴、雄浑之色。

白云阁，在黄鹤楼以东约274米的蛇山高观山山顶，阁高41.7米。此阁为1992年1月建成，外观为塔楼式，呈“T”型，坐北朝南。由于其所处地势较高，是观赏黄鹤楼、蛇山、长江的极佳景点。“白云阁”命名源于“黄鹤一去不复返，白云千载空悠悠”，为史学家周谷城手书。

毛泽东词亭，在黄鹤楼东南206米处。此亭于1992年建成，坐北朝南，长宽各6.6米，高9.5米，四角攒尖，重檐舒翼。亭中央矗立一座高3.2米、宽1.8米的大型青石碑，南北两面分别镌有毛泽东1927年春登蛇山时填写的《菩萨蛮·登黄鹤楼》和1956年6月畅游长江后填写的《水调歌头·游泳》。

搁笔亭，在黄鹤楼以东132米处。此阁于1991年建成，主要是取前面所述李白看到崔颢已经题诗于黄鹤楼，无奈搁笔不题的故事。此故事一方面说明崔颢所写的《黄鹤楼》确实好，得到了李白赞赏，另一方面也说明黄鹤楼确实是个好景观，能令那么多人诗兴勃发，兴致盎然。当然，我们也知道，李白并没有因此搁笔不再写关于黄鹤楼的诗。如前面所引，李白也作了一首非常知名的作品，另还有《与史郎中钦听黄鹤楼上吹笛》《黄鹤楼送孟浩然之广陵》《望黄鹤楼》等名篇。

黄鹤归来铜雕，位于黄鹤楼以西50米的正面台阶前裸露的岸石上，由龟、蛇、鹤三种吉祥动物组成。龟、蛇驮着双鹤奋力向上，黄鹤脚踏龟、蛇，俯瞰人间。该铜雕高5.1米，重3.8吨，为纯黄铜铸成。

九九归鹤图浮雕，在黄鹤楼东南240米处，是国内最大的室外花岗岩浮雕。整个雕塑呈红色，九十九只仙鹤呈现种种不同的舞姿。浮雕全长38.4米，高4.8米，依蛇山山势呈不等距“Z”形，九十九只不同动态的仙鹤，分布在松、竹、海、灵芝、流水、岩石、云霞等雕饰中。

无论现在的黄鹤楼还是不是原来那个黄鹤楼，它已经成为人们心中一个永久的意象。登临黄鹤楼，或是因为“观其耸构巍峨，高标巃嵸，上倚河汉，下临江流；重檐翼馆，四闼霞敞；坐窥井邑，俯拍云烟：亦荆吴形胜之最也”（唐阎伯理《黄鹤楼记》）；或是因为“对江楼阁参天立，全楚山河缩地来”，可有“黄鹤知何去？剩有游人处。把酒酹滔滔，心潮逐浪高”（毛泽东《菩萨蛮·登黄鹤楼》）的豪迈；亦可有“高槛危檐势若飞，孤云野水共依依”（贾岛《黄鹤楼》）的忧思。

无论因何缘由，有何感慨，登临黄鹤楼，总可以寻找到千年文化遗留下来的点滴记忆，因为它本身，蕴藏了太多的文化气息。

第三节 落霞与孤鹜齐飞，秋水共长天一色
——滕王阁

滕王阁坐落于赣江与抚河故道交汇处，被称为“西江第一

楼”，与岳阳楼、黄鹤楼并称为“江南三大名楼”。

较之岳阳楼和黄鹤楼，滕王阁的建造要晚一些，而且，它建造之初，就是用来宴集宾客和享乐游景的。它的这一用途还要从滕王阁的主人说起。

唐高祖李渊的第二十二子李元婴，在唐贞观十三年（639年）受封为滕王，受俸禄于山东滕州。由于李元婴受到宫廷生活的熏陶，他“工书画，妙音律，喜蝴蝶，选芳渚游，乘青雀舸，极亭榭歌舞之盛”。到滕州后，他大兴土木，建造楼阁，令百姓不堪其扰。

不得已，皇帝在永徽三年（652 年），迁李元婴为苏州刺史，不久又任命他为洪州都督。洪州就是今天的南昌，李元婴从苏州带来一班歌舞乐伎，终日在都督府里盛宴歌舞。为了满足骄奢的生活，永徽四年（653 年），他又在濒临赣江之处建造楼阁为别居，以作为歌舞享乐之所。由于自己曾是滕王，于是命名此阁为“滕王阁”。

转眼过去二十余年，滕王不在了，滕王阁也破败了。时任洪州都督的阎伯屿，首次对滕王阁进行了重修，完工之后，携文武官员欢宴于滕王阁，共庆重阳登高佳节。当然，此次文人雅聚，阎都督是有目的的，他想借机把他的女婿孟学士推出来。而孟学士也早已经准备了一篇《滕王阁序》。

不过，阎都督还是在宴集时例行谦虚之礼，让众宾先即兴创作。参与的众多人士，皆深谙官道，都推托不作。轮到恰巧路过此地而得以与会的王勃，他却不懂此道，应命而作。阎都督大人甚是不悦，但碍于情面，也不好发作。

虽然王勃被称为“唐初四大才子”之一，但他却不像李白那样可以挥笔立就。他作文有个习惯，就是先喝点小酒，等到微醉之后就蒙头大睡。当然，他并不是真睡，而是在腹构篇

◎ 王勃像

章，等他掀被而起后，挥毫书写，即成字字珠玑之文。但在这里，他没有办法蒙头腹构，于是就一边喝着小酒，一边慢慢创作《滕王阁序》。阎都督和众宾客没有耐心静坐以待，便都到回廊处欣赏江景，让下人随时禀报王勃的创作过程。

过了很久，下人回报说王勃写出了“豫章故郡，洪都新府”首句，大家都觉得没有什么新意。又过了很久，报说写了“星分翼轸，地接衡庐”，众人还是没有发表意见，默不作声。下人就这么一次次地回报，等到报说写了“落霞与孤鹜齐飞，秋水共长天一色”时，阎都督与众宾客皆拍手称是天才之笔，遂返阁内，一起看王勃书写完毕，尽欢而散。

滕王阁内的这次雅宴，使《滕王阁序》迅速传遍大江南北，王勃之才名更是受到众人佩服，而滕王阁也借此得以声名鹊起、名扬四海，无人不知江西的洪州有个滕王阁。从此，滕王阁几乎成了文人的心结，文人们都想到滕王阁一游，写下即兴的优美诗篇，借滕王阁而传名。如王勃之外另有王绪的《滕王阁赋》和王仲舒的《滕王阁记》，被称为“三王记滕王阁”雅事。

不仅文人喜欢滕王阁，当地的百姓也都非常看重滕王阁，认为滕王阁是吉祥建筑，并有古谣云：“藤断葫芦剪，塔圮豫章残。”“藤”借谐音指滕王阁，“葫芦”喻藏宝之物；“塔”指南昌的绳金塔，“豫章”指南昌。这首古谣是说，如果滕王阁和绳金塔倒塌，豫章城中的人才与宝藏都将流失，城市亦将败落。可见滕王阁在人们心目中的地位之高。与此说相同，关于滕王阁的还有一说:“求财万寿宫,求福滕王阁。”“万寿宫”是为供奉江西地方保护神、俗称“福主”的许真君而建的庙宇。

虽然滕王阁具有如此重要的地位,它还是在朝代的兴衰更替中,不断地重复着破败、重修的历史。

宋朝大观二年(1108 年),滕王阁因年久失修而塌毁,侍郎范坦决定对其重建。重建后的滕王阁,比唐代所建滕王阁的规模更大,在滕王阁的南北两边分别增建了“压江亭”和“挹翠亭”,初步形成了以滕王阁为主体的建筑群。凭借华丽堂皇的形貌和雄伟壮观的气势,此次修建的滕王阁被誉为“历代滕王阁之冠”。

到清代同治年间,滕王阁已经进行过二十八次重建,而这第二十八次重建的滕王阁,于 1926 年被北洋军阀邓如琢部纵火烧毁,仅存一块“滕王阁”青石匾。

1942 年,中国建筑大师梁思成偕同弟子莫宗江,根据明代项元汴“天籁阁”旧藏的宋宫廷画《滕王阁》,绘制了八幅《重建滕王阁计划草图》。1983 年,政府决定在旧址上重建滕王阁,也就是第二十九次重建滕王阁。设计者依据梁思成所绘的《重建滕王阁计划草图》,参照宋代李明仲的《营造法式》,设计了一座仿宋式的滕王阁,并在 1989 年 10 月完工。这就是今天我们所目睹的滕王阁。

◎ 滕王阁

建成后的滕王阁,主体建筑净高 57.5 米,下部是象征古城墙的分为两级的 12 米高台座。一级高台为钢筋混凝土筑体,台阶为花岗石,墙体外贴金星青石。南北两翼有碧瓦长廊，长廊北端为四角重檐“挹翠亭”，长廊南端为四角重檐“压江亭”。从正面看，南北两亭与滕王阁组成了一个耸立的“山”字，俯瞰则似一只平展双翅、意欲凌波西飞的巨大鲲鹏。台座东侧墙上刻有韩愈的《新修滕王阁记》。二级台座与一级台座共有八十九级台阶，寓意1989年完工。在二级高台的东边进入主阁的门前，有一尊仿北京大钟寺八怪鼎的“八怪宝鼎”。

台座以上的主阁为“明三暗七”格式，即从外面看是三层带回廊建筑，而内部却有七层，也就是三个明层、三个暗层，再加上屋顶中的设备层。阁顶为碧色琉璃瓦，勾头为“滕阁秋风”四字，滴水为“孤鹜”图案。

◎ 滕王阁侧面图

由东抱厦入阁，就会看到门两边的红柱上有诗句：“落霞与孤鹜齐飞，秋水共长天一色”，由毛泽东主席亲笔书写。紧接着，就会看到大厅内的巨幅《时来风送滕王阁》汉白玉浮雕，此浮雕是根据明朝冯梦龙《醒世恒言》中的名篇《马当神风送滕王阁》的故事而创作，只见中间部分王勃昂首立于船头，周围波翻浪涌，右边为王勃被风浪所阻幸得中源水君相助的情景，左边为王勃赴滕阁胜会挥毫作序的场景。

滕王阁的第二层是一个暗层，主要是通过壁画《人杰图》生动地追忆自先秦至明末的江西历代名人，此壁画高2.55米，长20多米。在此层的西厅内，还陈列了自新阁落成后，党和国家领导人江泽民、李鹏等游览滕王阁的照片。

第三层是一个回廊四绕的明层，廊檐的东西南北分别有“江山入座”“水天空霁”“栋宿浦云”“朝来爽气”巨型金字匾额，这些均系清顺治蔡士英重修滕王阁时所拟匾额。在中厅内，有壁画《临川梦》，画面以灰蓝色为基调，取材于汤显祖在滕王阁排演《牡丹亭》的故事。据说《牡丹亭》剧本完成后第二年(1599年)，汤显祖首次在滕王阁上排演了这出戏，开创了滕王阁上演戏曲之先河。东厅陈列有“銮驾”礼器，西厅是“古宴厅”，有“临江一阁独秀”匾和《唐伎乐图》，画面着力塑造了三位唐代舞伎表演《霓裳羽衣舞》的情景。南厅为江西工艺品展厅。

与第二层相同，第四层也是一个暗层，通过正厅墙壁上的《地灵图》，集中反映了江西名山大川自然景观精华。

第五层是回廊四绕的明层，也是登高览胜、披襟抒怀、以文会友的最佳之处。廊檐东南西北分别有“东引瓯越”“南溟迥深”“西控蛮荆”“北辰高远”金匾，皆出自《滕王阁序》。东厅有滕王阁规划全景模型、《吹箫引凤图》和《西山待渡图》。东厅的两侧为“翰墨”“丹青”二厅，有江泽民书写的“落霞与孤鹜齐飞，秋水共长天一色”、李鹏书写的“高阁重临江渚，层楼再出云天”、邓力群书写的“长江三楼，一楼胜过一楼”等墨宝。中厅有用黄铜板制作、苏东坡手书的王勃《滕王阁序》碑。西厅有磨漆画《百蝶百花图》。

第六层是滕王阁的最高游览层，东、西重檐之间有苏东坡手书“滕王阁”金匾各一块。虽然此层是一个暗层，但中厅南北角重檐间的墙体改成了花格窗，光线极好，与明层无异。且从台座之下的底层算起，这一层实为第九层，所以大厅挂有“九重天”题匾。大厅中央有汉白玉围栏通井，可俯视第五层，其上方为一圆拱形螺旋式藻井，寓含天圆地方之意。藻井中央悬挂有“母子”宫灯，宫灯随气流变化不停地微微转动。大厅南北东三面墙上，嵌有大型唐三彩壁画《大唐舞乐》。西厅为“仿古展演厅”，是一座小型戏台，戏台上陈列有极为珍贵的古乐器复制件，寓歌舞兴阁之意。

不过，除了以上所讲的江西南昌滕王阁外，在四川省阆中市，也有一座滕王阁。因为滕王李元婴骄横奢华，在各地都招致非议，因而一再被调任。高宗调露元年(679 年)，他调任隆州都督，隆州即今四川省阆中市。到任后，他嫌衙署简陋，于是在城中建“隆苑”（玄宗时改“阆苑”），在城北 3.5 公里的玉台山建玉台观和滕王亭。清朝以来，人们将滕王亭和玉台观合称为“滕王阁”。

此阁在 1986 年至 1987 年得以修缮，是一座唐代风格的歇山式双垂檐屋顶的王宫式建筑，坐北朝南，叠级屋台之上，楼上楼下二十四根朱红大立柱，顶着两层檐的大屋顶，巍然屹立，气势宏大，富丽堂皇。阁前耸立一石舍利塔，建造于公元 4 世纪，呈鱼状，高八米。无论从哪个角度看去，这塔都是斜的，因此被专家称为“唐代斜塔”。阆中滕王阁得到了唐朝大诗人杜甫的青睐，他两次游阆中，多次登临滕王亭，皆赋诗，留下了《滕王亭子》《玉台山》等名篇。不过，阆中滕王阁的名气，还是稍逊于南昌的滕王阁。

第四节 食荐四时新俎豆，书藏万卷小琅嬛——海源阁

翻查明代的文化历史，就会发现这样一个事实：江浙的私人藏书远远多于北方，甚至于在北方找不到一个可以提得起的藏书家。这种情形一直持续到清代中期，直至北方的聊城出现了一座二层小楼，才改变了中国私家藏书的分布格局，形成了南北各占半壁江山的局面。这座二层的小楼，就是海源阁。

◎ 海源阁

海源阁的第一任主人叫杨以增。杨以增（1787～1855年），字益之，又字至堂。从小聪慧机敏。其父杨兆煜曾任即墨教谕，在教育上采用宋初胡安定的“苏湖教法”，非常成功。当然，他也把这套方法用在了自己儿子的教育上。杨以增也可谓是“平生无他嗜，一专于书”，势必造就了杨以增的不平凡。

道光二年（1822年），杨以增考中了进士，随即被任命为贵阳知县。从此杨以增开始了大江南北的为宦历程，也开始了他到处阅读、查找好书的历程。1838年，他的父亲杨兆煜

去世，按照当时礼制，杨以增必须卸职回家守孝。在守父丧期间，他的继母赵夫人也去世了。

守丧期间，他发现父亲积攒下来的书和自己购买的书，很多都是非常珍贵的本子，于是就筹划要为这些书建造一座专用的书楼，他把大部分的积蓄拿出来，在友人的帮助下，于道光二十年（1840 年）建成了自己的藏书楼，并题名曰“海源阁”。

海源阁位于杨氏宅院第三进院落的东跨院内，为坐北朝南的三间二层旧式楼房。一层为杨氏家祠，二层存放杨以增与其父收藏的宋、元珍本图书。在二层朝南的楼檐正中，悬挂着杨以增亲笔“海源阁”匾额，白底蓝字，旁边有跋语曰：“先大夫欲立家庙未果，今于寝东先建此阁，以承祀事。取《学记》‘先河后海’语，额曰‘海源’，盖寓追远之思。并仿鄞县范氏以‘天一’名阁云。时道光二十年岁次庚子亥月中浣，以增敬书并识。”钤有“杨以增印”和“至堂”阳文篆字印章两方。在海源阁一层门两边的柱子上有一副楹联，其曰：“食荐四时新俎豆，书藏万卷小琅嬛。”俎豆为祭祀之器皿，引申为祭祀、祭拜；琅嬛为传说中的仙境，也是神仙藏书之地，这副对联巧妙地蕴含了此楼为族祠和藏书楼合二为一建筑的意思。

海源阁前有东、西两廊和两座读书亭，全部为门窗木栏长廊式结构，空间较为宽敞，可容数人于内读书。由于海源阁二层存放的多是为宋、元珍本图书，明、清时期的图书，则另有存放之地。从海源阁楼下东部的过道往后走，就可进入第四进院。此院有北厅五间，东西房各三间，在这个院落内，主要收藏的就是明、清时期出版的图书。

通过匾额上的跋语可知，杨以增之所以把藏书楼命名为“海源阁”，是寓有深意的，不仅表明不忘祖，而且表达了学者应“涉海而探源，知源之所出也”的观点。关于这一点，他的好友梅曾亮也曾在《海源阁记》中说过：“流之必至于海也，势也。学者而不观于海焉，陋矣。”正是抱着这样的心态，杨以增命名藏书楼，并以之作为读书、藏书的箴言。

不过，刚建好的海源阁，名气并不大，还不能与江南的藏书楼相媲美。杨以增真正使海源阁名声大噪，是在他于1848年任江南河道总督后。

清朝末年，经济衰败，政府软弱无力，整个中国处于内忧外患的状态。特别是1840年发生鸦片战争后，这时的江浙，也受到了极大的影响，而那些藏书家，很多都难守祖上所收藏的图书。其中就包括苏州有名的“艺芸书舍”。

艺芸书舍的主人汪士钟，字阆源，家资甚厚，又痴迷于书。他曾在厅内悬挂一副对联：“种树以培佳子弟，拥书权拜小诸侯。”凭借着雄厚的家产，汪士钟把当时江南著名的四大藏书家黄丕烈、周锡瓒、顾之逵、袁廷梼的藏书都挪移到了艺芸书舍，自己也成为江南首屈一指的大藏书家。对于其收藏，与他同时代的大学者阮元有过描绘，称其“万卷图书皆善本，一楼金石是精摹”。

道光末年至咸丰初年，艺芸书舍的藏书也开始陆续散出，走向衰败。这时，在江南做河道总督的杨以增得知后，抢先购买了艺芸书舍的众多珍本、善本图书，装船运送到了他的海源阁。正是这次大量购书，使得海源阁名声大振，改变了原来中国私家藏书的分布格局。此后，在藏书的数量与珍贵程度方面，杨以增的“海源阁”与江南瞿镛的“铁琴铜剑楼”并肩，被称为“南瞿北杨”。

以后，海源阁传到杨以增的儿子杨绍和手里，杨绍和就成了它的第二任主人。杨绍和考中进士后，一直在京任职，虽然不能如其父南北各处任职，可以收购各地珍贵图书，不过他也是尽心尽力地留意购求稀见图书。特别是当北京的乐善堂藏书流出时，他果断出手，购买了一百余种精善图书。要知道，乐善堂可是“大楼九楹，度藏满溢”，曾把徐乾学“传是楼”藏书和季振宜的藏书收于堂内。杨绍和从乐善堂收到的这些善本，更增大了海源阁的名声。

就海源阁的藏书，清末诗人叶昌炽曾在《藏书纪事记诗》中说：“四经四史同一斋，望洋向若叹无涯。稽天始有逢原乐，此事难教语井蛙。”它丰富的藏书，让众多读书人、爱书人欣羡，虽不能坐拥此阁内藏书，也想一睹风采。其中就包括我们熟知的《老残游记》的作者刘鹗。他在光绪十七年（1891 年），想到海源阁看看那些精美而珍贵的图书，却没能如愿。据说他在聊城待了好长时间，还是没有被允许入阁查阅。刘鹗最后气愤地离开，并留下一首诗：“沧苇遵王士礼居，艺芸精舍四家书。一齐归入东昌府，深锁琅嬛饱蠹鱼。”

这首诗的意思是说，季振宜、钱曾、黄丕烈、汪士钟四家的藏书，都被收藏到了东昌府的海源阁，而海源阁却从不让人进入阅读，只是让这些珍贵的图书被书虫啃蚀。刘鹗的心情，是可以理解的。他所说海源阁不让人进入阅读之事，也确有其事。海源阁有着严格的规定，书阁不准仆人、外人、族人或亲戚进入，也不准借阅。

当然，这也是无奈之举。光绪九年（1883 年），杨以增的孙子杨保彝曾把所藏非常珍贵的明刊蓝印本《墨子》，借给了潘伯寅，但是直到潘伯寅去世，也没有归还，且不知下落。这令杨保彝非常痛心，也是他下定决心藏书再不外借的原因之一。

不过，虽然海源阁的图书不外借，还是招来了一些人的垂诞,想方设法地侵吞杨家私产。如聊城知县陈香圃,他托请当地名绅周荫泉斡旋,要求杨家把藏书献出;袁世凯的长子袁克定,想把海源阁的珍、善图书据为已有。好在这些劫难都在海源阁第四任主人杨承训母亲的机智应对下,巧妙地躲过了。但是,清末和民国初年的局势实在太乱了,海源阁也无可避免地遇到了一次次灾难。

1928 年,西北军第十七师马鸿逵部占据聊城,海源阁的藏书受到了很大威胁。当时杨承训在天津,得到消息后,他秘密回到聊城,赶制书箱,把一些非常珍贵的图书装了十几箱运到天津保存。这批图书现藏于国家图书馆。

随后,近乎毁灭性的灾难来临。1929 年 7 月,土匪王金发攻入聊城,把杨家宅院当作司令部,海源阁内的藏书、金石、名画等,遭到了残酷的损坏。当时的土匪除了把值钱的东西拿走,还无知地把一些珍贵古籍用来当枕头、擦烟袋、点火等。1930 年春,王金发再次攻入聊城,狂洗海源阁达八个月之久。经过两次劫难的海源阁,藏书损失难以估计。

经过洗劫后的海源阁,其残存图书被杨承训集中运至济南存放,后来又转运至北京。现在这批图书藏于山东省图书馆。此后,只要有军队进入聊城,都会把司令部设在杨宅,海源阁一次次遭受蹂躏。1966 年,海源阁作为“四旧”,被彻底拆除。

1992 年 10 月,聊城市政府在海源阁的旧址上,对海源阁进行了重建。新建的海源阁,按照原来的建筑样式进行建造。还是上下两层的单檐歇山式阁楼,青砖灰瓦,红漆梁柱。海源阁和配房都是砖木结构,有木制花棂子门窗,前有厦檐。在海源阁前有杨以增先生纪念像一尊。在大门两侧,有胡乔木题写的“一人致力万人受惠,四代藏书百代流芳”楹联。内设《海源阁发展史陈列》展览,展览分为三个展室,包括前言、时代背景、藏书概况、藏书兴起、藏书发展、藏书管理、地位与贡献、重新振兴、名家题赠等九个部分。

如今,以海源阁为主体,形成了一个建筑群,建设成了一座现代化的综合性图书馆——海源阁图书馆。这座以图书为珍宝的知识宝库,将在新的历史时期,继续发挥它的文化价值。

第五节 玉轴牙签频自检,铁琴铜剑亦兼储
——铁琴铜剑楼

铁琴铜剑楼是一座极负盛名的藏书楼,位于江苏常熟市区以东十余公里的古里镇。这座藏书楼与聊城的海源阁齐名,并称为"南瞿北杨"。"南瞿北杨"两座藏书楼,又与归安陆心源的"皕宋楼"、钱塘丁申和丁丙的"八千卷楼",合称为清代四大著名藏书楼。

铁琴铜剑楼为瞿绍基建于清乾隆年间,起初并不叫此名。瞿绍基(1772~1836年),字厚培,号荫堂。江苏常熟人,廪贡生,以明经选授广文,但任职后旋即归隐。受其父影响,他酷爱读书、藏书。对此,黄廷鉴在《恬裕斋藏书记》中曾记述瞿绍基:"一试职即归隐,读书乐道,广购四部,旁搜金石。历十年,积书十万余卷,昕夕穷览,尝绘《检书图》以寓志"。瞿绍基为藏书楼起名"恬裕斋",取《书经》中"引养引恬,垂裕后昆"之句。

在常熟陈氏"稽瑞楼"、张氏"爱日精庐"两个藏书楼的藏

书散出时，瞿绍基购买了一批稀见的宋元善本，遂使得恬裕斋藏书冠于吴中。后来，瞿绍基的儿子瞿镛又收藏了铁琴一张、铜剑一把。铁琴为唐代遗物，木质铁衣，铜剑不知为何朝遗物。不过瞿氏父子都非常喜爱铁琴、铜剑，并因此将藏书楼改名为“铁琴铜剑楼”。现“铁琴”藏于国家图书馆，而“铜剑”则于咸丰、同治年间遗失，至今下落不详。

铁琴铜剑楼是两座前后相连的两层三楹的楼房，皆坐北朝南，面阔 8.87 米，进深 6.65 米。楼的结构为垂檐硬山造，采用迭落山墙，也就是江南所谓的马头墙。下檐雕有精巧的夔龙纹撑拱。前楼楼下为读书处，此楼所藏之书多为乡邦文献和一些不太珍贵的宋元明刻本及旧钞批校诸书。后楼楼下为瞿氏祠堂，并藏有金石书画，楼上藏有铁琴、铜剑和非常珍贵稀见的宋元刻本。两座楼中间隔有小天井。

这么一处具有典型江南建筑风格的楼房，之所以能够在文化史、图书史上占据重要的地位，显然不是由于其建筑本身，而是由于它收藏的稀世珍本图书，还有铁琴、铜剑、金石和古画等。

瞿镛是铁琴铜剑楼的第二位主人，他与其父有着相同的嗜好——藏书和收藏。他和海源阁的主人杨以增，几乎平分了汪士钟艺芸书舍的宋元旧刊精品，使得铁琴铜剑楼的珍稀图书急剧增加，其藏书规模和水平也因此达到了顶峰。对此，他曾有《望江南》数阕记之，其中两阕云：

吾庐爱，藏弆一楼书。玉轴牙签频自检，铁琴铜剑亦兼储。大好似仙居。

吾庐爱，金石阁中藏。汉印百枚缪篆古，唐碑千种墨花香。清閟可相当。

于此可见，他对于自己的藏书楼，是非常满意的，喻之以

“仙居”，并且，对于藏书楼所收藏的金石、汉印、唐碑，也甚为自负，自称可比得上倪瓒的清閟阁。

铁琴铜剑楼的第三任主人是瞿秉渊、瞿秉清昆仲二人。对于这兄弟俩，翁同龢在《题瞿浚之〈虹月归来图〉》中赞称“更承先志，旁搜博采”，而二人最大的贡献仍在于藏书。此二人生活的年代正处于太平天国运动兴起时期，常熟受战乱殃及，铁琴铜剑楼的图书当然也难逃一劫。兄弟二人四年内，七次转移所藏图书，使得所藏图书多幸存。并且，在战乱过后，二人不惜重金购回散出的藏书，甚至有遗命曰：“如遇旧物，虽破产赎之，宜也，非过也。”这是针对铁琴铜剑楼的镇楼之宝《广成先生玉函经》说的。

《广成先生玉函经》为唐代杜光庭所著，是一部有关脉学医理的著作，重点阐析脉证关系以及脉象的生理、病理情况。铁琴铜剑楼所藏为宋刻本，据著名藏书家、版本目录学家黄丕烈考证，《广成先生玉函经》是稀世罕见的医学古籍。

瞿氏是在黄丕烈的士礼居藏书散失时得到《广成先生玉函经》的，一直将它看作仅次于铁琴、铜剑的镇楼之宝。但是，它却在战乱中被人窃去。可以想象瞿秉渊、瞿秉清二兄弟当时如刀割般的心情，二人想方设法寻找此书的下落，直至谢世都未找到，故在临终时才有此遗命。直到1901年夏天，瞿秉清的儿子瞿启甲得到此书的消息，用重金将它购回，完成了父辈的遗愿。

瞿启甲（1873～1940年）是铁琴铜剑楼的第四位主人，字良士，别号铁琴道人。他对于铁琴铜剑楼的贡献与父辈一样，也是坚守藏书。

清宣统年间，两江总督端方非常想得到铁琴铜剑楼的稀世藏书，他就串通张之洞，以成立学部图书馆为名，威逼瞿启甲把书捐献出来。他去信说：“闻说铁琴铜剑楼藏书富甲海内，独执牛耳，至宋元精椠，一切孤本，君多有之，而为大内所无……意欲以三品京堂，三十万银带，易君藏书十之一二。”

面对这样的威逼利诱，瞿启甲毫不动容，严词峻拒。不过好友们都劝他，怕有不测发生，最后他以复抄本一百余种上交，才算应付过去。对于此事，缪荃孙后在《华亭韩氏藏书记》中评价说：“铁琴铜剑楼岿然独存，为吴中第一大家，而瞿良士兢兢保守，不为势屈，幸而得存。”

“民国”十三年（1924 年）冬，各路军阀混战，瞿启甲为了不使藏书遭殃，及时将藏书冒险转移到上海，在上海租房专门储藏图书。在抗日战争爆发后，原来租的房子也不安全了，于是，瞿启甲又在外国租界内租房，以求图书免于日军无情的战火。但是，运送到上海的图书毕竟只是一部分，还有一部分留藏于常熟。“民国”二十六年（1937 年）秋，在常熟的一千多种、三千多册书籍，都毁于战火。守书数十年的瞿启甲，深知守书的不易与艰辛，临终遗命曰：“书勿分散，不能守则归之公。”

铁琴铜剑楼的第五代主人是瞿济苍、瞿旭初、瞿凤起，藏书楼传到他们手里时，时代已经不同了。新中国成立后，瞿凤起遵照父亲的遗愿，兄弟三人商量后决定，将铁琴铜剑楼藏书分四次通过文化部捐献给北京图书馆，据统计有五百九十五种、四千余册，其中有二十种宋元明善本属于“国之重宝”，还有二百四十二种两千五百零一册被列入《北京图书馆善本书目》。瞿凤起与侄子瞿增祥还向常熟市图书馆捐赠藏书九百九十三、种三千三百六十六册，另外把藏于上海的图书捐赠给了上海图书馆，同时还向北京图书馆、上海图书馆和常熟市文管会分别捐赠了一些字画古玩，终于使家藏的珍贵图书都得到了妥善安置，发挥了藏书供人阅读的价值。

对于瞿氏兄弟的这种爱国行为，文化部还特别颁发奖状

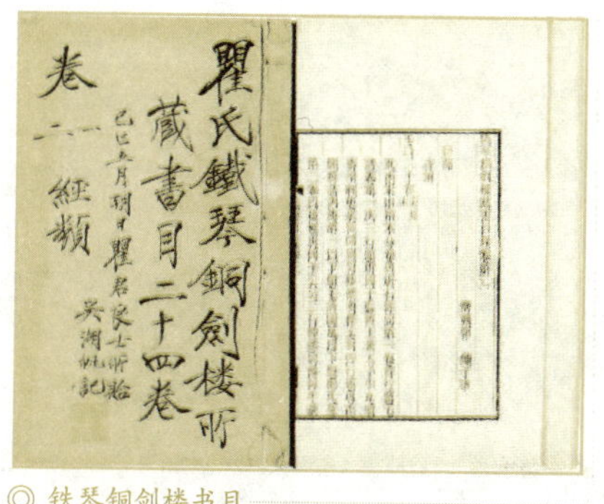

◎ 铁琴铜剑楼书目

予以表彰。文化部副部长郑振铎曾给三兄弟写信予以表扬，他说："铁琴铜剑楼藏书，保存五世，历年逾百，实为海内私家藏书最完善的宝库。先生们化私为公，将尊藏宋元明刊本及钞校本……捐献中央人民政府，受领之余，感佩莫名。此项爱护文物、信任政府之热忱，当为世界所共见而共仰。"

铁琴铜剑楼的藏书，不像海源阁那样被束之高阁，而是一直都是允许他人阅读的。如果有人希望阅读铁琴铜剑楼的藏书，主人会非常欢迎，并给读书人专门找一个阅读的房间，并免费供应茶饭。有此传统，真是令很多读书人甚为感激。不过，楼内的藏书只准阅读，不许借走。

瞿氏住宅建筑，都先后破败，或是遭殃于战火，唯独铁琴铜剑楼历经二百余年的历史，冥冥中似有神护，一直岿然独立，成为清代四大著名藏书楼中唯一完好保存下来的藏书楼。

不过，由于年代久远，铁琴铜剑楼出现了地面墙体潮湿、木柱虫蛀、油漆剥落、望砖酥碱等问题。对此，国家分别在1986年、1991年和2002年三次拨专款进行了修缮。在2007年，又第四次对铁琴铜剑楼进行修缮，修缮包括恢复藏书楼和瞿氏大院，同时建造了瞿氏后花园和遗址公园。修建后的铁琴铜剑楼纪念馆，展示了铁琴铜剑楼原貌，以及楼主复制书籍等推动文化传承和发展的过程，再现了楼主在战争时期冒着生命危险护书藏书的艰难历程。

第六章

书院遗迹

唐明皇李隆基曾有一首诗，其题云“集贤书院成，送张说上集贤学士，赐宴得珍字”，于此题可知，他是在集贤书院建成时，与大臣宴饮作诗时，创作了此诗。从这首诗的首句“广学开书院，崇儒引席珍”来看，唐明皇是非常认可书院的。那么，书院是什么时间出现的呢？

元代欧阳玄在《贞文书院记》中说：“唐宋之世，或因朝廷赐名士之书，或以故家积书之多，学者就其书之所在而读之，因号为书院。及有司设官以治之，其制遂视学校……”于此可见，欧阳玄认为书院出现于唐朝，并且是因为有人藏书多了，没有书的人就到其藏书地看书，渐渐地就形成了书院。等到形成一定规模后，政府也参与了进来，并拟定了如同学校一样的规制。

不过，与欧阳玄不尽相同，清代诗人袁枚在《随园随笔》中说：“书院之名，起于唐玄宗时，丽正书院、集贤书院皆建于朝省，为修书之地，非士子肄业之所也。”袁枚认为“书院”一词在唐代就产生了，不过不是学习的地方，而是政府用来修书的地方。

无论他们两人谁说得更接近史实，今天书院已经成为过去时，早已被现代化的学校所代替。因此，那曾经培育出众多思想家、学者的书院院址，也成了遗迹。

第一节 三湘隽士讲研地，四海学人向往中——岳麓书院

岳麓书院位于湖南省长沙市岳麓山东侧，紧邻湘江，是中国四大著名书院之一。

书院所傍之岳麓山，自古就是文化名山。在唐代以前，人们就不断在此山建立寺观，作为传教活动场所，如万寿宫、崇真观等。东晋时期的著名文人陶渊明，就曾建“杉庵”于此，作为读书之所。到了唐代，马燧建造的“道林精舍”，成为文人读书修业的地方。至唐末五代，僧人智璇开始在此建设书屋办学，这样，岳麓书院的雏形就形成了。

北宋开宝九年（976 年），朱洞任潭州太守，于是就在智璇所建书屋的旧址上进行扩建，创立了岳麓书院。这时的书院已经颇具规模，有讲堂五间，斋舍五十二间。咸平二年（999 年），李允则任潭州太守，对岳麓书院进行了再次扩建，增加了书楼、礼殿，形成了书院讲学、藏书、供祀的基本规制，这种规制一直延续至清末。

◎ 岳麓书院

不过，这时的岳麓书院

名声并不是很大。北宋大中祥符八年(1015年),由于宋真宗对书院的教育非常满意,于是便亲自召见山长周式,并赐御笔"岳麓书院"匾额。皇帝过问并赐御笔,一下子就使岳麓书院全国闻名了。

当然,岳麓书院之所以出名,还是由于它历届的山长、教授都是真才实学者,能够真正践行"传道、授业、解惑"的师者之道,学生在此也有所收获。

岳麓书院的山长,相当于现在学校的校长。"山长"一词最早见于《荆湘近事》:"**五代蒋维东隐居衡岳,受业者号曰山长。**"之后,就一直沿用了下来。从设立起至清末,岳麓书院共有五十五位山长,个个皆是识博学广德厚之士,如周式、张栻、欧阳守道、罗典、王先谦等。

岳麓书院的这些山长中,应属南宋的张栻最为知名,传说朱熹来访时,两人竟然论学三天三夜而没有中断,被传为学界盛事。两人论学后,都称受益良多,此后前来受学的人,更是擦肩接踵。甚至有人称,当时来听二人论学的人所骑之马,曾把饮马池内的水给饮干了。

◎ 朱熹和张栻塑像

张栻与朱熹还经常一起观看日出,看到那美得无以形容的自然景象时,都心潮澎湃,二人遂将观日处命名为"赫曦"。并且为了纪念此雅事,特建"赫曦台"。

张、朱两人的这次论学,首开岳麓书院的论学之风,同时也成就了湖湘学派,使得此学派得以迅速发展,以至鼎盛。所谓湖湘学派，就是以张栻为代表的地域性儒家学派。

也许是朱熹与岳麓书院有缘，二十七年后，他被任命为湖南安抚使，于是他再次来到潭州，重整岳麓书院的教学秩序，颁行《朱子书院教条》。朱熹白天处理政务，晚上就到书院讲学，使得他所倡导的理学得到了极大的传播，也使得岳麓书院再次进入繁盛时期。

由于明代前期统治者奉行“治国以教化为先，教化以学校为本”的政策，重视官学而不倡导书院，于是岳麓书院一直处于办办停停的状态。到明宣德年间(1426～1435年)，岳麓书院在地方官的主持下，才得以重修，第一次将主体建筑集中在中轴线上，奠定了现存书院的建筑格局。

◎ 王守仁像

正德二年(1507年)，岳麓书院迎来了一位重要人物，他就是王守仁。虽然王守仁只是被贬路经岳麓书院，但书院师生对于真知的渴求，是不会因他的遭贬而有所消减的。于是，王守仁就开始在岳麓书院这块教育宝地，宣讲学理与对事物的认识，这使得他的阳明心学得到传播，也令岳麓书院的学子受益匪浅，岳麓书院迎来了继朱熹讲学之后的第二个高潮。

至清朝，虽然顺治帝要求“不许别创书院”讲学，但是对于湖南巡抚彭禹峰恢复岳麓书院的教学，顺治帝并没有给予惩罚。此后，康熙和乾隆两位皇帝对岳麓书院更是肯定有加，分别御笔亲书“学达性天”和“道南正脉”匾额赠予书院，巩固了岳麓书院在全国书院中的地位。

作为著名的民间教育书院，岳麓书院有着自己的条例和准则。乾道三年(1167年)朱熹来讲学时,手书"忠""孝""廉""节",这三字就成了岳麓书院当时的院规;第二次朱熹来讲学时,则明确颁布了《朱子书院教条》。乾隆十三年(1748年),山长王文清手定《岳麓书院学规》,其称:

"时常省问父母;朔望恭谒圣贤;气习名矫偏处;举止整齐严肃;服食宜从俭素;外事毫不可干;行坐必依齿序;痛戒讦短毁长;损友必须拒绝;不可闲谈废时;日讲经书三起;日看纲目数页;通晓时务物理;参读古文诗赋;读书必须过笔;会课按时蚤完;夜读仍戒晏起;疑误定要力争。"

乾隆二十二年(1757年),山长欧阳正焕又提出了"整""齐""严""肃"四字院训,并刻碑嵌壁。

清末,由于时代变化,书院的教育规制也有所改变。如学科设置方面,增加了翻译学、算学等。光绪二十九年(1903年),岳麓书院被湖南巡抚赵尔巽奏废,与湖南省城大学堂合并为湖南高等学堂,1912年改为湖南高等师范学校,1917年改为湖南公立工业专门学校,1926年与其他两校合并为湖南大学。今天,岳麓书院成为湖南大学的一个独立学院,继续在现代化的教育体制下发挥其培养人才的优秀传统,是一所罕见的"千年学府"。

从北宋岳麓书院建立至今,其建筑经历过七次大的重修,数十次小修。可以说,如果没有人们对岳麓书院教育的肯定,岳麓书院早就消失无踪了。今天我们所看到的岳麓书院,是20世纪80年代修缮过的。不过,现在的岳麓书院基本上保持了明代的规划布局,且有许多建筑是明清时期所建。

岳麓书院的建筑群,可以分为教学、藏书、祭祀、园林和纪念五大格局。

教学楼建筑主要有大门、二门、讲堂、讲学斋、半学斋等。

大门门额的"岳麓书院"四个大字，是宋真宗所题，楹联"惟楚有材，于斯为盛"，分别出自《左传》和《论语》。讲堂是书院的核心，其内有康熙与乾隆御赐匾额和一些弥足珍贵的碑刻。教学斋和半学斋是讲堂两旁的南北二斋，为光绪二十九年（1903 年）书院改学堂时所建并命今名。

◎ 岳麓书院御书楼

藏书建筑主要为御书楼，位于讲堂的后面。在建书院之初，就有藏书楼，在得到宋真宗赏赐图书后，遂更名为"御书阁"，在元代和明代，亦称为"尊经阁"。清代康熙年间，岳麓书院的藏书楼已经破败，巡抚丁思孔从朝廷请得《十三经》《二十一史》等书籍后，就建设了这座御书楼。清代中期它成为一座大型民间图书馆，藏书达一万四千一百三十卷。

祭祀建筑主要有文庙、濂溪祠、四箴亭、崇道祠、六君子堂、船山祠等。文庙在书院的左侧，为一个独立院落，由照壁、门楼、大成门、大成殿、两庑、崇圣祠、明伦堂等组成，此格局形成于明天启四年（1624 年）。濂溪祠是专门祭祀周敦颐的祠庙，内悬"超然会太极"匾。四箴亭是祭祀程颢、程颐二兄弟的祠庙，内有清朝镌刻的《视》《听》《言》《动》四箴碑。崇道祠又称朱张祠，是祭祀朱熹、张栻的祠庙。六君子堂是祭祀朱洞、李允则、周式、刘珙、陈钢、杨茂元的祠庙。船山祠是祭祀王夫之的祠庙，由于王夫之晚年居衡阳石船山，世人皆称其为船山先生，故名为船山祠。

园林建筑主要有麓山寺碑亭、百泉轩、碑廊、自卑亭等。麓山寺碑亭位于园林南侧，其内麓山寺碑在我国现存碑刻中占有重要位置。它由唐开元十八年(730年)著名书法家李邕撰文、书写并镌刻,因文、书、刻三者俱佳,故有“三绝碑”之称。碑侧、碑阴还有宋代大书法家米芾的题刻。百泉轩处岳麓书院风景绝佳之地,历代山长皆喜在此居住。朱熹首次来讲学时,与张栻于此论学而不知倦,达三昼夜而未休。碑廊中的朱熹手书“道中庸”“极高明”的石碑,价值极高。自卑亭原为供行人歇足所用,名源《中庸》:“君子之道,譬如远行,必自迩;譬如登高,必自卑。”

纪念建筑有赫曦台、时务轩、山斋旧址、杉庵等。赫曦台前面曾提及,不过现存已不是当时张栻所建,清乾隆五十五年(1790年),山长罗典在原址空旷处建前亭,后改名“前台”。道光元年(1821年),山长欧阳厚均发现赫曦遗碑,改“前台”为“赫曦台”。时务轩是为纪念清末维新派创办时务学堂所建造的。山斋旧址是纪念朱熹首次来讲学时寓居之所的建筑,匾额为山长欧阳厚均题写。杉庵是为纪念陶渊明曾读书于此的建筑。据称,陶渊明构庵于此,庵前植杉树,人就称其为杉庵。

如今,这座千年的学府,依然弦歌不绝,在潇湘文化、书院文化、宋明理学等传统文化的研究与教育方面都有着卓著的成果,真正地成为“三湘隽士讲研地,四海学人向往中”的高等学府。

第二节 白鹿无言思故主，古松有色朗新声
——白鹿洞书院

白鹿洞书院，位于江西九江市庐山五老峰南麓。这座我国历史上第一所完备的书院，并没有如岳麓书院一样随着时代的发展，实现华丽的变身。它在今天已失却学院的教育价值，仅是作为一处文化遗迹留存。

白鹿洞书院也历经了千年的历史，据《白鹿洞志》载：

“白鹿洞者，唐李渤读书处也。贞元中，渤与涉隐庐山，蓄一白鹿甚驯，尝随之，人称白鹿先生。宝历中，渤为江州刺史，就今书院地创台榭，引流植花，遂以白鹿名洞。”

可见，白鹿洞原为李渤出仕前与其兄李涉的读书处。由于其地形山峰回合，犹如洞形，李渤重游故地时，为了纪念那只常与他相随的白鹿，故名之为“白鹿洞”。

◎ 白鹿洞书院

五代南唐升元四年(940年)，为了利用这块文化宝地，政府在白鹿洞建设学馆，时称“庐山国学”或“白鹿国学”，与南京的国子监齐名。北宋初沿用此馆，并在太平

兴国二年(977 年),赠送国子监刊印的《九经》供其使用。宋仁宗皇祐五年(1053 年),郎中孙深在白鹿洞建房十间,供弟子居住和读书,同时接待前来求学的各地士子,供给膳食。孙深称之为“白鹿洞之书堂”,不久后又改名为“白鹿洞书院”,一直沿用至今。

不过白鹿洞书院影响一直不大,孙深所建院舍,在宋皇祐末年(1054 年)春,终毁于兵火。并且,这时政府特别提倡官学,而不倡导书院教育。白鹿洞书院就一直被冷落着,直至它迎来了朱熹,才迎来了它的鼎盛。

南宋淳熙六年(1170 年)三月,朱熹以秘书郎身份出任南康(今庐山市)军州事。他到南康后,看到白鹿洞书院房舍已经破败不全,只能通过地基石来廓清书院之前的规模与布局。然而,这里“无市井之喧,有泉石之胜”,确是读书、著述、讲学的难得之地。

◎ 朱熹像

也许对这位儒学大师触动更多的,是庐山一带“老佛之居以百十数,中间虽有废坏,今日鲜不修葺。独此一洞,乃前贤旧隐,儒家精舍,又蒙圣朝恩赐褒显”,“儒者旧馆只此一处,既是前朝名贤古迹,又蒙太宗皇帝给赐经书,所以教养四方之士,德意甚美。而一废累年,不复振起,吾道之衰既可悼惧。”对于此种现象,宋代诗人赵蕃(1143 ~ 1229 年)有诗《从元衡借庐山记偶成》云:“山南山北富深幽,羽服方袍占上头。吾道才余白鹿洞,寂寥几载有新修。”这样的局面,对于以振兴儒学为己任的朱熹,怎能容忍呢!

于是,他马上着手白鹿洞书院的修复之事。淳熙七年(1180年)三月修复完成后,朱熹率领官吏、书院师生来到书院,祭祀先师先圣,举行开学典礼,升堂讲说了《中庸》首章并欣然写下了“重营旧馆喜初成,要共群贤听鹿鸣”的诗句。

从此,朱熹亲任洞主,并执教讲学。为了能把书院办好,他还特别制定了《白鹿洞书院揭示》:

“熹窃观古昔圣贤所以教人为学之意,莫非使之讲明义理,以修其身,然后推以及人。非徒欲其务记览,为词章,以钓声名,取利禄而已也。今人之为学者,则既反是矣。然圣贤所以教人之法,具存于经。”

在日常的书院讲学中,朱熹完全摒弃了章句、利禄之学,从义理辨析出发,阐发理学思想的精髓,并且邀请同自己观点相左的大哲学家陆象山前来讲学,相与论辩,成为白鹿洞书院盛事。自此,白鹿洞书院可谓“一时文风士习之盛济济焉,彬彬焉”。

综观朱氏的学规,甚是简明扼要,共分为“教之目”“学之序”“修身之要”“处事之要”“接物之要”五个方面。不过无一条是讲如何谋取功名的,如“教之目”为:“父子有亲,君臣有义,夫妇有别,长幼有序,朋友有信”,主要是讲与人相处的原则。朱氏的学规对白鹿洞书院影响甚大,直接把其教育从低谷推至鼎盛。这时的白鹿洞书院,正如宋人钱闻诗在《白鹿洞书院》中所云:“锡名有旨感皇明,百载荒基一日营。白鹿虽无归洞迹,青衿犹有读书声。”

朱熹的教育措施不仅影响着白鹿洞书院,也在他第二次去岳麓书院时得以推行,并使得岳麓书院再次兴盛,成为南宋以后中国封建社会七百年书院办学的样本。而且,这些教育措施,也影响到了邻国朝鲜,如在朝鲜李朝世宗时期,其《世宗实录》载，世宗二十一年，成均主簿宋乙用想让政府在各个官学校明立学令，他们的依据就是朱熹在淳熙间，重修白鹿洞书院，并立学规，且学规很奏效。不仅如此，在朝鲜的很多书院，也都供奉有朱熹的塑像。

不过后来朱熹的学说受到政府禁锢，书院也受到了一定影响。到嘉定十年（1217 年），他的儿子朱在任职时，重新使书院得到了光大。朱在不仅在规承其父，而且在其父修建的基础上，对书院建筑也进行了扩大，“破者新之，无者增之，狭者广之”，经过朱在的修建，白鹿洞书院的规模远远超过其他的书院，被称为“书院之首”。

朱氏父子对白鹿洞书院贡献可谓是功勋卓著，这得到了众人的认可，如元人高若凤在《送人读书白鹿洞》曾云：“碧瓦参差俨杏坛，白云深锁洞门闲。不宗朱氏原非学，看到匡庐始是山。”可见，高氏不仅把白鹿洞书院直接与孔子教育众弟子的杏坛相比，而且还认为如果不循朱熹之学，就不是真正的学问。

白鹿洞书院在康熙、乾隆两朝都得到了褒奖，康熙帝送其御书“学达性天”匾额，并颁送了《十三经注疏》《二十一史》等经、史图书。乾隆帝同样也赠送其御书“洙泗心传”匾额，并曾作《白鹿洞诗》和《白鹿洞赋》，以肯定白鹿洞书院的教育贡献。不过，这已是白鹿洞书院最后的辉煌了。

清末社会格局发生了急剧变化，书院教育已经不能适应社会的实际情况，整个社会都在进行教育改革。光绪二十四年（1898 年），光绪帝下令改书院为学堂，光绪二十九年（1903 年）白鹿洞书院停办。虽然在宣统二年（1910 年），白鹿洞书院被改为江西高等林业学堂，但并没能一直开办下去。新中国成立后，政府对白鹿洞书院进行了保护和维修，但再没有在此进行办学活动，它真正成了古代书院的遗迹。

如今的白鹿洞书院，所存古建筑多是明清时期的。如棂星门石坊和白鹿洞为明代遗存，礼圣门和御书阁为清代遗构，礼圣殿和祠宇等建筑则是按清制修复的。

◎ 白鹿洞

白鹿洞前是朱子祠，是为纪念朱熹而建的祠庙。朱子祠东厢，设有碑廊，内有宋至明清石碑一百二十余块。朱子祠的后面有一石洞，内有一头可爱的石雕白鹿，此即为白鹿洞。其实，这是明代嘉靖十三年(1534 年)所建。当时知府王溱到白鹿洞书院，看到院内并无洞，也无白鹿，甚觉不妥，于是就在后山上开凿出一个石洞，并将一个石雕白鹿置于其中。在他看来，如此，白鹿洞就实至名归了。在朱子祠西侧，是书院内最高级别的建筑——礼圣殿。它为重檐歇山式建筑，檐角高翘，回廊环绕，粉色墙体，青瓦覆盖。在其墙上，嵌有石碑和孔子画像石刻。礼圣殿东侧是一座两层的御书阁，它是为康熙赐给经、史等图书而建。因其藏有皇帝御赐图书，故名“御书阁”。

历经千年的学府，为古代书院教育建立标的的白鹿洞书院，历来都不乏歌咏之作。唐代诗人王贞白就有《白鹿洞二首》，其一云：“读书不觉已春深，一寸光阴一寸金。不是道人来引笑，周情孔思正追寻。”于此可见，王贞白到了白鹿洞，所想到的就是读书、惜时。宋朝诗人项安世也有《白鹿洞书堂》一诗，其云：“山人居白鹿，书洞有遗迹。为世作星凤，真堪慰泉石。”在此，项安世直称白鹿洞书院为世上的稀世之珍——景星和凤凰。

也许正是由于对白鹿洞书院的崇拜，当诗人们看到它的衰败与萧条，才难掩心中那份失落。如项安世还有一首《游白鹿洞书院》，其云：

晦翁一别遂千秋，跨鹿乘云何处游。
人随流水去不返，名与好山空自留。
峰峦榵榵田园净，藤刺深深磴道幽。
宝匣尘生弦索断，遗音重抚泪双流。

全诗之中，处处弥漫的是诗人的失落之情和对白鹿洞书院鼎盛时期的追忆。清代的罗运崃，在其《白鹿洞》中云："洞湿寒莓古，祠荒坏壁低。"可见，这时的白鹿洞书院，触目皆是荒凉，而不再有"白鹿虽无归洞迹，青衿犹有读书声"的情形。

第三节 嵩阳书院名天下，司马范程亦大家
——嵩阳书院

嵩阳书院地处河南登封市区以北，位于嵩山的太室山上。由于其在嵩山的南面，而古人称河之北与山之南为阳，因而它就被称为"嵩阳书院"。据史载，它是中国最早的书院。

嵩阳书院最早创立于北魏孝文帝太和八年(484 年)，当时为佛教活动场所，名为"嵩阳寺"。据载，此寺香火非常旺盛，寺僧多达数百人。到了隋朝，隋炀帝为求长生不老，把此地改为道教场地，更名为"嵩阳观"，让道士在此炼丹。唐朝唐高宗李治和武则天，两次到此并居住于嵩阳观，并封嵩阳观为奉天宫。这使嵩阳观在当时的道观中，声名远播。

五代时期，战乱不断，各地寺观多受到破坏，唯独嵩阳观依然香火兴旺。并且，在观内还汇聚了一些有远见卓识的道人，招收学徒，宣讲道义。后周显德二年（955 年），周世宗柴荣将嵩阳观改为“太乙书院”，又称“太室书院”，使其正式成为皇家书院，既传授道教教义，也教授儒家文化。这为后来成为专门从事儒家文化教育的嵩阳书院的建立打下了基础。

宋朝至道二年（996 年），宋太宗赵光义颁赐太室书院匾额，并《九经》《史子》等图书。大中祥符三年（1010 年），朝廷又赐给太室书院一些经史等图书，并增加了学田十顷。景祐二年，河南府重修太室书院，皇帝下诏把太室书院改作嵩阳书院，同时颁赐御笔嵩阳书院匾额。从此，嵩阳书院的名称就正式确立了，并且成为当时全国四大书院之一。

嵩阳书院能成为著名书院，不仅与朝廷的惠赐有关，还与在此登坛讲学的讲师有关。在较短的时期内，嵩阳书院就迎来了知名人士程颢、程颐二兄弟，以及司马光、范仲淹等，二程兄弟及范仲淹的治民观点与当时主政大臣王安石相左，他们公开在嵩阳书院阐发自己的观点，批驳王安石的做法。这一举动赢得了众多士子之青睐，纷纷投奔嵩阳书院。对此，当代诗人闻山曾概括说：“嵩阳书院名天下，司马范程亦大家。”不仅如此，据载，司马光所著影响后世甚巨的《资治通鉴》，有一部分就是在此完成的。

由于二程兄弟当时在全国名气很大，使得进入嵩阳书院跟随他们读书都成了一件难事。据说，此事还成就了一段“程门立雪”的佳话。

杨时、游酢二人千里迢迢来到嵩阳书院，想随从程颐学习。到了程颐门首，他们从门缝中看到程颐正闭目养神。二人没有惊动程颐，而是站在门外等候。这时，天空正飘着雪花。不久，二人全身都落满了雪花，成了雪人，但他们不敢跺脚活动，怕惊动了屋内的程颐。再后来，二人的四肢都冻麻木了。这时，程颐打开房门，发现外面有两尊雪人，甚为惊奇。走近发现那竟是两个人。于是询问缘由，杨时、游酢就表达了想随从他求学的心愿。程颐就对二人说："涵养须用敬，进学在致知；识仁于精勤，有志者事竟成。"二人一听，这是不收二人做门生的意思，马上双膝下跪，长时不起。程颐见二人确实有求学之心，就收他们做了门生。杨时、游酢二人也没有负程颐的厚望，与吕大临、谢良佐同为程门的四大弟子，后又成为全国有名的学者。

元、明两朝，嵩阳书院都没能突破宋朝的兴盛局面。时至清代康熙、乾隆时期，嵩阳书院才终于迎来了发展史上的一次高潮。康熙十三年(1674 年)，知县叶封对嵩阳书院破败的院舍进行了修建。康熙十六年(1677 年)，少詹事耿介对嵩阳书院进行扩建，使得学院面积达一百一十三万平方米，学院建筑有先贤祠、先师殿、三贤祠、丽泽堂、藏书楼、道统祠、博约斋、敬文斋、三益斋等。

乾隆对它更是眷顾有加，还特意为其撰写的御诗《嵩阳书院》，其诗云：

书院嵩阳景最清，石幢犹纪故宫名。
虚夸妙药求方士，何似菁莪育俊英。
山色溪声留宿雨，菊香竹韵喜新晴。
初来岂得无言别，汉柏阴中句偶成。

乾隆首先对嵩阳书院所处的优美、清静的环境赞誉有加，然后对其发展历史进行描述，描述中批判了前朝皇帝求仙荒谬，肯定嵩阳书院作为儒学教育之所的重要意义。书院得风流博学的乾隆帝如此奖掖，何愁其声名不青云直上呢。

乾隆之后，嵩阳书院开始走向衰落，至清末已经难以开展日常的教育。时至1936年9月，蒋介石到嵩山游览嵩阳书院时，想在书院举办一个培训班，看到水资源缺乏，就下令在院内凿机井一眼，今称“蒋公井”。不过井凿了，培训班并没有办成。1942年，留学日本东京大学，时任中华书局经理、国民参政员的翟仓陆等人，在嵩阳书院内创办了“中岳中学”，但由于抗日战争爆发，1945年春登封沦陷后就停办了。

新中国成立后，嵩阳书院一直发挥着它的教育作用。1948年至1957年，登封县委把嵩阳书院作为培训基层干部的基地。1958年，登封县委党校在嵩阳书院成立。同年，登封县初级师范学校也在嵩阳书院开课。

最可喜的是，2009年，郑州大学在历史学院及其他人文社会科学院系有关资源的基础上，成立了新的嵩阳书院，成为郑州大学的二级学院。嵩阳书院在新的教育体系下，成为本科生、硕士生、博士生的教学和研究基地，特别是中原文化研究的重要基地，这使得历经千余年的学府永葆青春，为社会持续不断地输送精英。

由于历朝对于嵩阳书院的重视，特别是新中国成立后的妥善保护与修复，使其建筑得到了最大程度的保留。2010年8月，嵩阳书院与周公测景台、观星台、少林寺三处建筑群、会善寺、中岳庙、东汉三阙、嵩岳寺塔八项十一处建筑，作为登封“天地之中”历史建筑群，被列入联合国教科文组织《世界遗产名录》。

现在的嵩阳书院，基本保持着清代的建筑布局。整个书院呈中轴对称，共分五进院落，由南向北依次为大门、先圣殿、讲堂、道统祠和藏书楼，中轴线两侧配房相连，共有古建筑一百零六间。建筑多为硬山滚脊灰筒瓦房，古朴大方，雅致不俗，与中原地区众多的红墙绿瓦、雕梁画栋的寺庙建筑截然不同。书院南北长一百二十八米，东西宽七十八米，占地面积九千九百八十四平方米。

嵩阳书院的大门是一座面阔三间卷棚式硬山建筑，门额有“嵩阳书院”四个大字。大门两侧的柱联，是清乾隆皇帝于乾隆十五年（1750 年）游嵩山时所撰，其云：“近四旁，惟中央，统泰华恒衡，四塞关河拱神岳。历九朝，为都会，包伊瀍洛涧，三台风雨作高山。”

◎ 嵩阳书院

先圣殿为一座硬山卷棚式三开间建筑，额匾为“先圣殿”三个金字，其门联为“至圣无域浑天下，盛极有范垂人间”。殿内供奉有孔子站像、孔子弟子像和十二先哲画像。讲堂位于先圣殿后，为一座面阔三间、硬山卷棚式建筑，其门联为“满院春色催桃李，一片丹心育新人”。堂内设教案、课桌、课椅等教具，东山墙上绘有《二程讲学图》，西山墙介绍宋代在嵩阳书院任教人员名单，传略、书院教学的特点，以及中国古代学制演变情况等。

道统祠是一座面阔三间、棂门槛窗、歇山式滚脊灰筒瓦覆顶建筑，其门联为“海纳百川有容乃大，壁立千仞无欲则刚”，祠内供奉帝尧、夏禹、周公的石膏头像，后壁悬挂帝尧、夏禹、周公当年在嵩山地区巡狩、治水、测影等活动情况的大型图画。道统祠前建有泮池，池上架拱桥以通往来，在拱桥的两侧分别刻有“泮池桥”三个字。

藏书楼是一座面阔五间、硬山卷棚式两层砖木结构建筑，是嵩山书院贮藏图书的地方。此楼原藏书千余部，但大部分现已遗失，仅存清代时期的一些书籍。现此楼陈列有《二程全书》《二程遗书》《四书五经》《中州道学编》《四书近指》《理学要旨》《说文解字》和稀世国宝《唐武后金简》等。

其实，除了这些建筑，书院内还有很多穿越千年时空的古物，如将军柏和大唐碑，都可称得上是稀世珍宝。

将军柏为三株古柏的统称。据说在西汉时期，这三株柏树就已经相当粗大。与之相关的，是一个无从考证其真假的传说。

◎ 将军柏

西汉元封元年（公元前110年），汉武帝刘彻登游嵩山，行走间，看到路旁一棵大柏树，威武挺拔，粗大无比，他仰望再三，连声称赞，并封此柏树为“大将军”。可是没走多远，又碰到一棵比前面那棵还要粗大的柏树，只好再次封号，但又不能更改前封，便封为“二将军”。又没走多远，遇到第三棵柏树，而且这棵比前两棵都要粗大，汉武帝知道自己前边封错了，但又要维护自己的皇帝尊严，只得封这第三棵为“三将军”。

对此，现今还流传着这样一首民谣：“大封小来小封大，先入为主成笑话；三将军恼怒自焚死，二将军不服肚气炸；大将军笑倒墙头上，自觉有愧头低下；是非颠倒两千载，金口玉言谁评价。”如果这个传说是真的，那将军柏可是有三千余年的历史了，绝对是稀世之物。

◎ 唐碑

在嵩阳书院的大门旁，还有一座唐碑，名为《大唐嵩阳观纪圣德感应之颂》碑，碑高 9 米，宽 2.04 米，1.05 米，为嵩山地区碑制之冠，为唐玄宗天宝三年(744 年)所立，主要记述了嵩阳观道士孙太冲为唐玄宗李隆基炼丹九转的故事。它就是乾隆帝所说“石幢犹纪故宫名”中的石幢。此碑文为唐朝奸臣李林甫所撰，碑的背面和两侧有欧阳永叔跋文和游人题词，大都为唾骂撰文者李林甫的文字。刻石为著名书法家徐浩所书，字为八分古隶楷书，一笔不苟，刚柔适度，笔法遒雅，是书法珍品。虽然众人皆痛恨李林甫，却因为此碑为徐浩所书，才使它留存了下来。

当代诗人闻山有诗云：“周柏唐碑稀世宝，颓垣依旧有光华。”就是说，即使嵩阳书院的院舍再破旧、颓败，只要有了将军柏和唐碑，它依旧是光彩照人、华丽无比的。如今，成为郑州大学一部分的嵩阳书院，将继续为中国的文化传播做出自己的贡献。

第四节 石出蒸湘攻错玉，鼓响衡岳震南天
——石鼓书院

石鼓书院，坐落于湖南省衡阳市的石鼓山。据北魏郦道

元《水经注》载，石鼓山“**山势青圆，正类其鼓，山体纯石无土，故以状得名。**”此山地处蒸水、湘水、耒水汇合处，由于水浪的冲击，石鼓山经常会发出雷鸣般的响声。对此，晋代庚仲初《观石鼓书》描绘说：“**鸣石含潜响，雷骇震九天。**”

◎ 石鼓书院

石鼓山形状奇特，峻峭挺拔，三面临水，风景秀异，唐贞观时期(627～650年)，衡州刺史宇文炫题“东崖”“西溪”四字于东西岸壁上。唐天宝年间(742～755年)，道士董奉先在石鼓山的“朱陵后洞”内修炼九华丹。唐朝诗圣杜甫，曾两次到此游览。唐德宗贞元三年(787年)，宰相齐映贬任衡州刺史，在此山建有“合江亭”，大文豪韩愈为之创作有《合江亭序》，在“**红亭枕湘江，蒸水会其左。瞰临眇空阔，绿净不可唾**”的文字描述中，石鼓山名声大噪。

唐宪宗元和五年(810年)，衡阳秀才李宽在合江亭旁建屋读书，取名为“寻真观”，又名为“李宽中秀才书院”。当时的衡州刺史吕温到此看望李宽，并记之以诗《同恭夏日题寻真观李宽中秀才书院》云：

闭院开轩笑语阑，江山并入一壶宽。

微风但觉杉香满，烈日方知竹气寒。

披卷最宜生白室，吟诗好就步虚坛。

愿君此地攻文字，如炼仙家九转丹

可见，吕温对此书院的景色与在此地攻读，都是非常赞赏的。

到了宋朝，宋太宗赵光义在太平兴国二年(978年)，颁赐

"石鼓书院"匾额给李宽中秀才书院,从此书院就更名为石鼓书院。并且,这次皇帝还赏赐了大量的田地给书院,让书院拥有了自己的学田。这对于书院是非常重要的,因为有了学田,书院才能维持正常工作。

宋太宗至道三年(997 年),李宽的后人李士真,征得衡州郡守同意,对先人李宽的书院进行了扩建,在这里成立了正式的书院,并凭借着太宗颁赐的学田,开始招收生徒讲学。宋仁宗景祐二年(1035 年),衡州任知府刘沆,把石鼓书院的故事上报给宋仁宗。宋仁宗阅过刘沆的奏折后,又亲赐御笔"石鼓书院"匾额。在同一朝代两次享受皇帝赐额,这对于石鼓书院来说绝对是莫大的殊荣。也正是因为得到了最高统治者的眷顾,石鼓书院被推至当时书院之首的位置,还一度被改做州学。

南宋初年,石鼓书院已经破败。在淳熙十二年(1185 年),潘畤在石鼓书院的旧址上,重修数屋,并悬挂宋仁宗所赐"石鼓书院"匾额,让那些有志于学术而不屑于科举的人在此研习学问。但是这项工作还未结束,他就调任了。

继任的提刑宋若水,在潘畤的基础上,完成了所有工作,且收藏了很多图书,并请时任湖南安抚使的朱熹撰写了《石鼓书院记》。由于朱熹此前对把白鹿洞书院、岳麓书院治理的闻名全国。经朱熹作记,石鼓书院迎来第二个鼎盛期。

时至元代,石鼓书院的学田曾一度被寺僧侵占。山长和众儒生据理力争达六十年之久,终于要回学田。可惜不久之后,石鼓书院的建筑又毁于元末的战火之中。

明永乐十一年(1413 年),知府史中重修石鼓书院,并增设礼殿祭祀孔子,乾张祠祭祀韩愈、张栻。正德四年(1509 年)叶钊为山长时,相从学习者甚多,"时学者翕然云从"。此后，不断有大家前来讲学，如湛若水、王守仁、赵大洲、皮鹿门等。到万历四十年(1612 年)，观察邓云霄大修书院，建有讲堂、敬义堂、回澜堂、大观楼、仰高楼、砥柱中流坊、棂星门、风雩、沧浪、禹碑、合江亭等，可谓“殿祠号舍，罔不完葺”，规模极一时之盛。然而，石鼓书院最终还是没有逃过明末的战火。

清顺治十四年(1057 年)，巡抚袁廓宇奏请皇帝，对石鼓书院进行修复，并重新招收生员，研习学业。不过这次的规模比较小。康熙七年(1668 年)，知府张奇勋扩建石鼓书院，增加了号舍二十余间。二十八年(1689 年)，知府崔鸣拿出其俸禄，再次对石鼓书院增建，增加七贤祠、仰高楼、大观楼、敬业堂、留待轩、浩然台、合江亭及东西斋房等建筑，一时求学者云集于此，学风甚盛。

对于乾隆时期的石鼓书院，其学风之盛，学者之多，衡阳县令陶易曾有《石鼓书院》一诗记录。其诗描绘石鼓书院“英才荟萃”的景象云：

旷代儒风喜未颜，一时讲院尽英才。
双流环绕宫墙肃，乔木阴森士气培。
祀典已崇新俎豆，诗篇长焕旧亭台。
自今游履休嫌忧，绿竹西溪一经开。

乾隆时期的“一时讲院尽英才”，也难以承受它后期的衰落与改制，虽然王闿运也曾为其撰联：“石出蒸湘攻错玉，鼓响衡岳震南天”。到了清末，石鼓书院的鼓，突然就有些“哑”了。

时至光绪二十八年(1902 年)，在实行新法的大潮中，石鼓书院被改为衡阳官立中学堂。石鼓书院的书院生命，从此就终结了。不过，其教育场地的使命，还在继续。两年之后，它又被改为湖南南路师范学堂。民国时期，它先后被改为衡郡女子职业学校和湖南省立第三师范学校。但是，书院所处之地毕竟太狭小了,不适宜于做大学场地。后来,湖南省立第三师范学校也搬走了。

学校搬走后没多久,在抗战中,书院的房舍、楼阁、亭台、祠堂也化为乌有,片瓦无存。一座历时近千年的学府,就这样成了衡阳的记忆。

1964 年,时任中共中央中南局第一书记的陶铸来衡阳视察,要求恢复衡阳的名胜古迹,特别是石鼓书院。但因条件有限,仅培植了树木花圃,建以亭榭,在石鼓书院的废墟上,建造了一座石鼓公园。

2006 年 6 月,衡阳市人民政府决定重修石鼓书院,依照清代石鼓书院的格局,一座崭新的石鼓书院又出现在人们面前。

现在的石鼓书院主要由禹碑亭、武侯祠、李忠节公祠、大观楼、合江亭、朱陵洞等标志性建筑物组成。

◎ 禹碑亭

禹碑亭位于石鼓书院大门后的长廊末端,它是一座四角重檐攒尖顶式建筑。禹碑亭的柱上有一副对联:“蝌蚪成点通,天地衍大文”,此联是就亭中央的禹碑上的内容所写的。禹碑上有形如蝌蚪的文字,人称“蝌蚪文”。据专家考证,其内容记述的是大禹治水之事。不过,具体每个蝌蚪文字的意思是什么,还没有人能识辨。

武侯祠位于二门之内的右边。武侯就是三国时期蜀国的诸葛亮,他曾随刘备一起打天下,蜀国建立后,被封武乡侯,世人称其为“武侯”。他曾在衡阳督办长沙、零陵、桂阳三郡军赋,居于石鼓山上。为纪念这位伟人,宋时在书院内建立武侯祠。祠堂门有楹联："**心远地自偏，问草庐是耶非耶，此处想见当日；江流石不转，睹秋水来者逝者，伊人宛在中央。**"祠内诸葛武侯像为金铂木雕，高1.8米，左右有抱琴和持剑的两个小书童，神态逼真，栩栩如生。

◎ 李忠节公祠内景

李忠节公祠位于二门之内的左边。李忠节公名李芾，字叔章，南宋衡州人。南宋德佑元年，他临危受命，任潭州知州兼湖南安抚使，率领军民抗击来犯的元军三月有余，后来城被攻破，全家殉难。元代在衡州城南金鳌山李芾故宅建李忠节公祠，配祀李芾部将沈忠和衡阳县令穆演祖。清代时将其移至石鼓书院。

大观楼是恢复石鼓书院的核心建筑。它位居两祠堂后，石鼓山顶第一级平台的中心位置。楼名寓意登楼观景，心怀天下，故谓之"大观"。在大观楼一层大厅正中，有先圣孔子的汉白玉雕像，两旁分置李宽、韩愈、李士真、周敦颐、朱熹、张栻、黄勉斋等七贤的木版线刻画像。大观楼二层是石鼓书院的历史介绍及陈列品。

合江亭由唐代齐映建造，为楼阁建筑，上下两层。韩愈到此游览时，登亭感怀，一气呵成了著名的《合江亭记》，且因其中名句"**瞰临眇空阔，绿净不可唾**"，此亭又被称为"绿净阁"。合江亭柱上有楹联："**石鼓双江水，昌黎一首诗。**"

◎ 合江亭

此外，石鼓书院的其他

景观，如东岩晓白、西磎夜蟾、绿阁蒸风、洼尊藏雪、钓合晚唱、栈道枯藤、合江凝碧等，都是比较知名的。并且，为了照应石鼓书院的名称，这次重修，还专门在书院内放置了一面新凿就的石鼓，以期这座曾在历史上发挥过重大作用的育人基地，在当今社会的建设中，再次捶出震耳的响鼓之声。

◎ 石鼓书院石鼓

参考书目

1. 余秋雨著《文化苦旅》,作家出版社,2008 年。
2. 江岩编著:《名胜文化》,中国经济出版社,1995 年。
3. 段文杰著:《敦煌石窟艺术论集》,甘肃人民出版社,1988 年。
4. 徐自强、吴梦麟著:《中国的石刻与石窟》,商务印书馆,1996 年。
5. 葛晓音著:《中国的名胜古迹》,商务印书馆,1996 年。
6. 杨布生、彭定国编著:《中国书院与传统文化》,湖南教育出版社,1992 年。
7. 喻学才主编《中国旅游名胜诗话》,中国林业出版社,2002 年。
8. 敦煌研究院编:《讲解莫高窟》,浙江文艺出版社,2006 年。
9. 马书田著:《中国神祇文化全书》,团结出版社,1996 年。
10. 程裕祯等编著:《中国名胜古迹辞典》,中国旅游出版社,2001 年。
11. 林岩、李益然主编:《长城辞典》,文汇出版社,1999 年。
12. 秦始皇陵兵马俑考古队编:《奇迹:秦始皇陵 · 兵马俑》,陕西人民出版社,2002 年。
13. 仲伟行等编著:《铁琴铜剑楼研究文献集》,上海古籍出版社,1997 年。